ハンニバル

地中海世界の覇権をかけて

長谷川博隆

講談社学術文庫

はじめに

もう十年以上もむかしになるが、カルタゴの故地に立った日のことは、昨日のことのように鮮かである。

敗れたカルタゴは一体どこにいってしまったのだろうか、一生懸命、探し歩いたが、目にはいってくるのは、勝ったローマの遺跡ばかりだった。曰く、大浴場あと、曰く、円形闘技場あとといったように。疲れた足を休めた海辺の池のほとり――それが、実はカルタゴの港あとだったのである。港というより池、池というより水たまり、「夏草やつわものどもが夢の跡」というような感慨など湧きそうにない。勝者ローマの栄光すらかき消す、それは、敗者の運命のすさまじさを感じたからだけではあるまい。そういったときの流れの厳しさを感じたからというべきだろうか。

第二次ポエニ戦争の口火となった決戦の地、スペインの町サグント(昔のサグントゥム)をたずねたときの思いも同じであった。文字通り一木一草も留めない廃墟、あの古代のサグントゥムだけではなく、ローマ・中世の廃墟が重層的に横たわっているのである。地中海世界の空が限りなく青く高いだけに、私の思いを湿ったものにするより、むしろ途方もないものの力の前に呆然とさせられるだけであった。

一口に地中海、あるいは地中海世界というが、なかなか多様性にも富んでいるということ、そしていかにも広いということを身に沁《し》みて感じたのも、いつわりのないところである。今まで私は、地中海世界のまとまりを説き、一体性を描くことに熱心であった。しかし、この足で歩いてみて、決して西の端から東の端まで踏破するのが容易でないことも分かっているつもりである。

たしかに、わがハンニバルは、西の端スペインから小アジア、果てはコーカサスの地まで、縦横に機略をめぐらしただけでなく、自らも足を印して、ローマに立ち向かったのである。運命に抗して。その意気たるや壮、というだけでは済ますことのできないものがある。では、彼をそのようにかりたてたものは一体なんであろうか。

昭和四十七年（一九七二年）秋

目次

VI 国家再建と再起への道

イリュリア
トラキア
黒海
シノペ
アルメニア
ビュザンティオン
ビテュニア
リスス
マケドニア
タレントゥム
ブルンディシウム
アポロニア
プルサ
ヘラス（ギリシア）
エーゲ海
ペルガモン
アシア
クロトン
イオニア海
エフェソス
コリント
アテネ
シデ
アンティオキア
ロドス
クノッソス
キュプロス
ゴルテュン
クレタ
ビュブロス
テュロス
海
イェルサレム
キュレネ
アレクサンドリア
エジプト

ゲルマニア
ガリア
ロダヌス(ローヌ)河
アルプス
プラケンティア
ピレネー
ナルボ
イベリア(半島)
イベルス(エブロ)河
エンポリアエ
マッシリア
ゲヌア
パドゥス(ポー)河
ティベリス(ティベル)河
アドリア海
タグス(タホ)河
アナス河
(グァディアナ)
タッラコ
コルシカ
イタリア
サラピア
サグントゥム
バレアレス諸島
ローマ
カンナエ
テュレニア海
クーマエ
カプア
ネアポリス
サルディニア
バエティス河
(グァダルキビル)
地
ガデス
ティンギス
カルタゴ-ノウァ
(カルタヘナ)
シシリー
ロクリ
リクスス
ヒッポ-レギウス
ウティカ
アグリゲントゥム
キルタ
カルタゴ
ザマ
シラクサ
中
マウレタニア
ヌミディア
ハドルメトゥム
アフリカ(リビュア)
レプティス-マグナ
0
500km

地中海世界

ハンニバル

地中海世界の覇権をかけて

序

ハンニバルとわれわれ

ハンニバルは遠い人である。

しかし、それはハンニバルの生きた時代が遠いという意味ではない。日本人であるわれわれにとって遠いのである。同じローマの歴史に登場する人物でも、カエサルやクレオパトラやネロに比べて、いかにもわれわれと触れ合うものが乏しいように思われるのだが、それはなぜであろうか。

アレクサンドロス、カエサル、ナポレオンに比肩《ひけん》する名将、祖国カルタゴのため、地中海世界の覇権をかけて前二一八年から二〇二年まで、いやもっとずっと前一八三年の死までローマと戦い続けた人物、その人物の影の薄かろうはずがない。アルプス越えの壮挙、戦史上例のないカンナエの殲滅《せんめつ》戦というハンニバルの映る歴史の一齣《ひとこま》一齣はまことに鮮明である。それにもかかわらず、われわれに遠く感ぜられる、いやわれわれに訴えるものの乏しいのはどうしてか。その理由はほぼ二つ、とらえようによっては三つあげられると思う。

第一は、カルタゴというハンニバルの祖国と現代との繋《つな》がりが、一見ほとんどないようにみえるからである。ましてや、日本との繋がりなど全くないかのように思われる。古代においていかに隆々たる国勢を誇示した国であったとしても、カルタゴと現代西欧文明との結び付き、ましてや日本人たるわれわれとの結び付き、それはまことに弱いのである。そして、そういった枠のなかでのハンニバルということになる。

第二はハンニバル自身のことであるが、そこには二つ問題が潜んでいるからといえよう。その一つは、軍人・将軍ハンニバルとしての面だけが前に出て、政治家ハンニバルがほとんど無視されてきたことであり、それが、ハンニバル像を一面的なものにし、そこに、すばらしい軍人であり、また政治家であった彼の像を不鮮明なものにしている原因があるとみられるのである。そしてもう一つの問題は、ハンニバルに関する現存の史料はすべてローマ側のものであり、勝者の鏡に映ずるハンニバル像だということである。透明でない、とまではいえないにしても、やはり歪《ゆが》みを感じないわけにはいかないのである。

しかし、右のようなことが、逆に、歴史家のみならず詩人あるいは作家が、想像をたくましくして、種々様々なハンニバル像をつくり上げることにもなっているのである。

ここで以上の点をふまえて――詩人、文学者、映画監督のようにそれを利用するのではなく、冷静に受けとめて――新しく照明を当て直した場合、どういうハンニバル像が生まれるのであろうか。

本当にカルタゴの歴史は現代にかかわりを持たないのであろうか、どうしてもこういった問いを一番底にすえてゆかねばならない。そして、軍人でなく政治家ハンニバルという視角からもこの人物を捉えてみたい。その際、武器というか、材料というか、いわゆる史料の重さ、あるいは軽さを常にはかりつつ、メスをいれてゆくことにしたいと思う。

それにしても、これまでわが国にハンニバルに関する一冊の概説書もないとすれば、やはり当面は以上の思いをひそませつつ、満遍《まんべん》ない叙述の形式をとらざるをえない。したがって読者の皆さんが、戦闘の描写の並列とみられる記述の奥にも、いささかでも私の真の狙いを読みとっていただければ、それ以上の幸せはない。

この時代の主な史料は、前二世紀のポリュビオスとアウグストゥス時代のリウィウスである。前者はギリシア人であるが、前一六八年のピュドナの戦いの後ローマに連れてこられて、スキピオ家の師傅《しふ》となり、ローマの地中海世界制覇の由来を『歴史』にギリシア語でまとめた。ハンニバル時代に関して彼の用いた史料は、前三世紀末の元老院議員で名門出のファビウス＝ピクトルその他である。一方、アウグストゥス帝の治世を謳歌するリウィウスは、ポリュビオスや、共和政末期ローマの年代記作家を利用している。

なおこの本の年号は、原則としてすべて紀元前である。

ハンニバル像の語るもの

ここにいくつかの胸像や貨幣に刻まれたハンニバルの像がある。よくみてほしい。一番有

ハンニバル像（ナポリ国立博物館蔵）

名なのは、ナポリ国立博物館の所蔵する胸像であろう。人はいう。なんという愁いをたたえた顔か、と。ハンニバルを破ったスキピオのたくましい胸像と比べる人も多い。だがもちろん、これがハンニバル像であるかどうかを疑う意見も決してすくなくない。わたしも、どちらかといえば、疑問を感ずる方である。

実は、『博物誌』の著者、大プリニウスの記すところでは、当時つまり紀元後一世紀頃、ハンニバルの像がすくなくともローマに三つ以上あったという。しかし残念なことに、一つも現在に伝わっていない。

ところが、スペインをハンニバル一族が支配していたときの貨幣に、父のハミルカル、姉婿のハスドルバルの他にハンニバルの像を刻んだものがある、という。次のページの写真をみてほしい。鬚をつけた五十歳位の男がハミルカル、君主の印の王冠をつけた若者がハスドルバル、鬚のないたくましい若者がハンニバルということになっている。

これまた一体ハンニバルかどうか、論争がくりひろげられているが、要するにフェニキア人の町ガデスの神ヘラクレスを刻印するのに様々な形をとらせた、という意見が有力であ

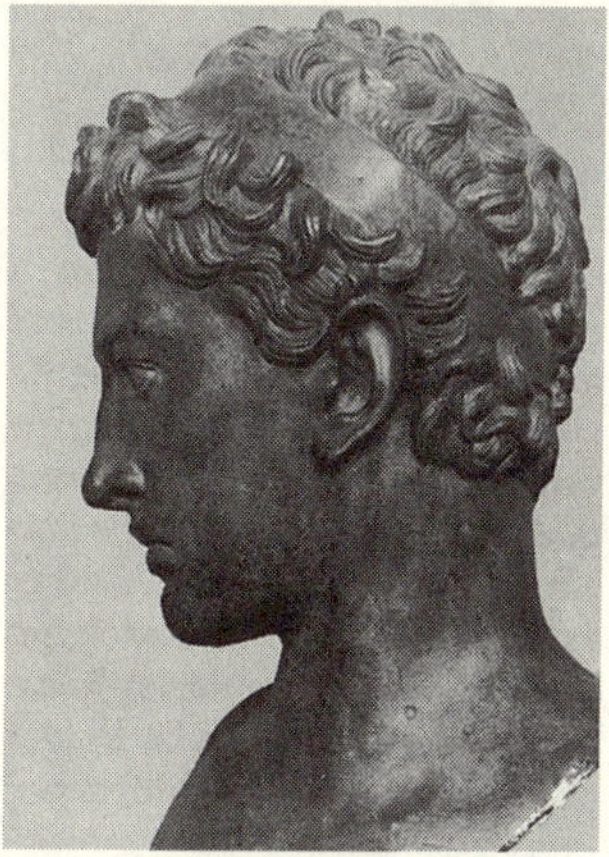

北アフリカ・ウォルビリス出土の
いわゆるハンニバル像（青銅像）

ハミルカル＝バルカス（上）
ハスドルバル（中）
ハンニバル（下）

る。われわれとしては、こういった貨幣が鋳造されたということのなかから、ハンニバル一族のスペインにおける王朝的な傾向を読みとればよいのである。

　ところが最近、つまり一九六一年のことであるが、フランスの一学者が、一九四四年にウォルビリス（モロッコの遺跡）で発見された青銅像の頭部を、これはハンニバルである、とする新見解を出した。前記の貨幣の像との類似——とくに目のあたり——から、同一人物、すなわちハンニバルとするのであるが、現在も賛否両論が渦まいている。しかし、よくみるがよい。決してフェニキア的な特徴などないではないか。どうみても輪郭《りんかく》はギリシアの闘士である。ハンニバルであるかどうかはともかくとして、型としては、やはりヘレニズム的な彫像といってよかろう。

I　カルタゴの栄光

1　カルタゴ、西地中海世界の覇者に

ビュルサの丘から港あとに

夏の日もようやく暮れようとしている。ビュルサの丘の影が長くなり、家々の白い壁が赤く染まってゆく。カルタゴの故地、城砦のあとに立っているのだ。前には海が広がる。背後には、豊かな大地が砂塵のなかに薄れてゆく。

海のかなたには、指呼《しこ》の間にシシリーがあるのだ。ギリシア人と、そしてローマと、争覇戦を展開したところだ。大地は、はるか西の方にテュニジア、アルジェリア、モロッコと連なってゆく。古《いにしえ》のヌミディア、マウレタニアである。すべてカルタゴの勢力圏であった。

はるかにめぐらした思い、それを元に戻し、足下をみよう。そこには、丸い水たまり、そのわずか先に矩形《くけい》の池みたいなものがみえよう。これがカルタゴの港のあと、四角いのが商港、丸いのが軍港「コトン」のあとである。いく人のカルタゴ人が、ここから船出したこと

であろうか。

大きな「新しい町」

ビュルサの丘をおりて、地中海の地図をひろげてみよう。地中海岸沿いに北アフリカを東から辿《たど》ってきた指と、西から向かってきた指とがぶつかるあたり、そこが今のテュニジアである。首都はテュニス［古名はトゥネス］。また丁度《ちょうど》イタリア半島の長靴が三角の石、シシリー島をけとばす、その島の先にあるのがテュニジアなのである。

ここ、テュニスの北東郊がまさにカルタゴ、地中海世界に覇を唱えた都市国家カルタゴのあとである。カルタゴ——フェニキア人の植民市、彼らの言葉では「カルト－ハダシュト」、すなわち「新しい町」という意であった。

航海の民フェニキア人は、地中海沿岸に植民市を建てていった。とくに錫《すず》を求めて。実は銅と錫の合金、青銅の発明が、前二十世紀の人たちをして、西地中海に目を向けさせた。銅は西アジアにも存したが、錫は地中海西部、とくにスペイン、ブルターニュ、ブリテン諸島から産出したのである。そして南スペインのアンダルシア地方が、北からの商人と東方エーゲ海およびアシアからの商人のぶっつかる地方となった。ここに登場したのがフェニキア人であり、彼らは、途中アフリカ北岸に停泊地を設けていったのである。

ではカルタゴは経済的な理由でつくられたのか。否、この町は、政治的亡命者の建てたも

ビュルサの丘から（1961年筆者撮影）

のとみられている。

ときは伝承の時代。前八一四年、テュロスの王の妹ディドあるいはエリッサによってカルタゴは建設されたという。母市テュロスは、地中海の一番東の波の洗うところ、今のレバノンの地にある港町であり、海の民フェニキア人の建てた国家である。実はこの前九世紀という成立年代も、考古学的な成果によれば、確認されていない。第二次世界大戦後に進んだ聖地跡の墳墓の発掘から前七世紀を遡《さかのぼ》らないという説もあれば、テラコッタから前七五〇年前後まで遡るという主張もある。

母市テュロスとの関係の深かったことは、前四世紀まで公式の呼称として「カルタゴのテュロス人」という言葉の使われたことによっても分かろう。父祖の伝統を、はるかなるアフリカの土地で護《まも》り抜こうとする植民者としての保守的な性格は、まことに鞏固《きょうこ》なものがあった。前八〜前七世紀までは、実際問題としても、独立国家的なものにはなっていない。実は、政治的亡命地だったことが、原住民とも様々な駆け引きを生んだが、そのなかで貴族支配が一歩一歩と確立してゆく。

地中海世界に力をのばして

建国後二世紀の間のカルタゴの発展は分からない。ただ地中海世界全体の流れをみると、前七五〇年から五〇〇年にかけてはギリシア人が力をのばしていった時代といえよう。マッサリア（マッシリア、マルセイユ）の建設も彼らの手によるものであった。東シシリー・南イタリア・プロヴァンス・アンダルシアと、彼らはカルタゴの領域を取り囲む態勢にあった。もちろんカルタゴ人とて孤立していたわけではない。母市テュロスから人を受け入れ、リクススやガデスの人と力を合わせて共通の敵に当たっている。

ヘロドトスの伝えるところでは、カルタゴは富裕かつ強力であり、今や青年期に達している、という。つまり前五世紀までに西方のあらゆる富をアフリカの港に集めるという形での帝国、経済の核としてアンダルシアの銀を握る帝国になっていたのである。

一方、考古学的知見によれば、墓の埋葬品にはギリシア、エジプト、エトルリアのものが沢山《たくさん》みられ、フェニキア人——カルタゴ人の活躍のスケールを推測させてくれる。とくに前六世紀には、エトルリア人と結んでギリシア人に相対している。その集約的なものが、前五四〇年のコルシカ島でのフォカイア人との戦いであり、シシリーをめぐるギリシア人との争いは、前四八〇年のヒメラの戦いとなった。

　この間、うちでは家門の利害と伝統との絡《から》み合いのなかで貴族層が力をのばしてゆくが、国家的秩序も整ってゆく。前六世紀はじめに将軍マルコス（マルクス）が、軍隊に支えられて国家を掌中におさめようとしたが、失敗に終わっている。さらにその一世代後のマゴは、家の名を高め、子、さらに孫と国家の支配を固めていった。とくに前五五〇年頃の兵制改革は彼の名と結び付いている。

　マゴの兵制改革は、市民の召集兵に代わって外人の傭兵《ようへい》を採用するもので、在来の市民兵は職業軍人となった。彼らは国家のために戦うのではなく、将軍のために奉仕することになる。軍の指揮も、文官職のように年々交替するのではなく、ずっと延長されてゆく。かくして国家の伝統的な秩序と抵触することも起こる。まさにローマのマリウス改革にも比すべき大変革であったが、カルタゴの場合、やはり保守的な性格のものというべきで、在来の制度を愛する感情が、個々人、個々の家のイニシアティヴよりずっと優っていたといえよう。したがってマゴ家の支配に対しては、最高の司法機関、百人会を中心とする貴族の反発がすぐに起こるのであった。

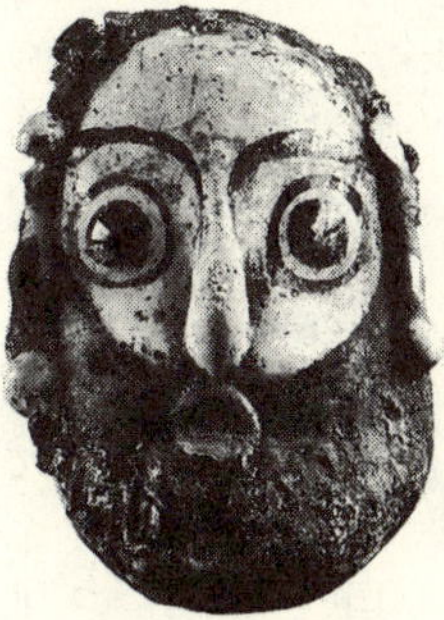

埋葬品の一つ

　ところで前四八〇年のヒメラの戦い（敗軍の将はマ

ゴの子、ハミルカル）での敗北は、カルタゴにとって何を意味したか。それは、屈してのびるチャンスを与えることになったといえよう。すでにアフリカ海岸沿いに適当な間隔をおいて港町をつくり、西地中海世界の女王の地位にあったカルタゴの敗北だったのである。

発展と変革の時代

ヒメラの敗北後の歴史は、国力の立て直し＝貴族支配の確立と海外への再発展の歴史であった。

すでにこの頃から地中海世界の国際関係は変化しつつあった。それはエトルリア勢力の後退とローマの勃興である。伝承によれば、ローマ共和政の初年にカルタゴとローマとの間に条約が結ばれたという。しかしエトルリア勢力の後退、つまりカルタゴとエトルリアとの関係が断ち切れたことで、カルタゴの孤立は、一方ではその目を内に向けさせることになった。それが前五世紀のカルタゴの経済・宗教・社会の大変革となったのである。一言でいえば、貴族政体制への完全な移行と、すべてが北アフリカの地にしっかりと根を下ろしてゆくことを意味する。

貴族政体制への移行とは、マゴ家支配に対する反動、つまり百人会を中核とする体制の確立である。将軍が百人会に厳しくコントロールされるばかりか、複数の将軍を同時に選んで、お互いに掣肘《せいちゅう》し合わせたのである。かくして再び伝統的な貴族政秩序の回復、存続が促された。

一方、アフリカ北岸に小植民市ができる。航海者ハンノは、はるかアフリカの大西洋岸を周航する。さらには北ブリテンに達するものもあらわれる。このようにマゴの敷いた拡大路線と、一方では一人の手への権力集中の試みも消えてはいない。

それは、シシリーをめぐるギリシア人との争いの展開と絡《から》んでゆく。この戦いの目はシラクサにあった。

シラクサは、寒村にまで顚落《てんらく》しているとはいえないにしても、今はシシリーの東海岸の小さな港町にすぎない。現在の町は昔のシラクサのごく一部にしか当たらない。今の町の郊外に、広く遺跡が広がっている——昔はアテネやローマと並ぶ大都市国家だったのだ。

前五世紀後半から前四世紀半ばにかけてのシラクサの僭主ディオニュシオスとカルタゴの争覇戦を遂行したのはハンノであった。この戦いによって、カルタゴとしては軍事力に磨きをかけることができ、またシシリーを中継地にしてギリシアとの関係が深まり、さらには地中海世界における地位が確立したといえよう。

次いでティモレオンに対して闘い、さらに前四世紀末のシラクサの僭主アガトクレスのアフリカ遠征を蒙った。

だがハンノや、その後継者でアガトクレスに対する将軍だったボミルカルの、権力を個人に集中させようという試みは失敗に終わる。あるいは追放、あるいは磔刑《たくけい》が待っていたのである。かくしてすくなくとも前三〇〇年以降は、その独自の政治体制つまり貴族政の確立により、カルタゴも内部的には固まり、西地中海世界の勢力圏をほぼたしかなものにしている。

では、確立したカルタゴ的な政治体制とは一体いかなるものであったのか。

2 カルタゴ的なもの

「カルタゴ人は蛮人ではない」

カルタゴの国制は実にユニークなものであった。国制なるものをはじめて体系的かつ具体的に捉えたギリシア人が賞讃しているほどである。また「カルタゴ人は蛮人ではない」といったのは、前三世紀にアレクサンドリアで活躍したエラトステネスである。

もっともギリシア人の称えるのは、ギリシア的な鏡に照らした上のことであった。一言でいえば、政体を軸に考える捉え方である。貴族政体、君主政体、民主政体等々である。しかもその基礎には混合政体をもって良しとする考え方があった。そこでカルタゴの政体が分析される。

カルタゴは王政、貴族政、民主政の最も良いところを保っていたというのである。

まず王政であるが、昔王政であったとしても、いつまでそれを保持したかは不明、ただし王に代わるものあるいは王に並ぶものとして、一年任期二人の行政長官（スフェス）が現われている。なんとローマの執政官と似ていることか。生まれと富とが選ばれる基準だったらしく、形式的には選挙は全市民によって行なわれたと考えてよいが、スフェスは貴族から選ばれたとみるべきであろう。ローマの執政官との根本的な差は、彼らに軍事上の権限のなかった点である。将軍は別に選ばれた。将軍とスフェスを兼ねることもできたが、両者が別人の場合どういうことになるか、ハンニバルのときにははっきりとしてくる。

次に貴族政といわれるものは、元老院によって代表される。成員は数百。富裕な土地所有者および商業担当者から成り、終身で、スフェスや他の役人に、外交、和戦、軍隊召集、支配圏の統治などに関して助言していたと思われる。また三十人の常任委員会の如きものがあったとみられる。そのメンバーが将軍にしたがって海外に赴いたり（ハンニバルのかたわらにみえる）、政治的な問題の処理にあたったらしい。

さらにこの常任委員会と並んで百人会というものがあった。百人会というが、実数は百四人。裁判・法廷をコントロールしたばかりでない。とくに将軍を監督し、その権限は次第にふくらみ、また終身のポストになってゆく。また五人役なるものがあって、百人会の欠員補充を行なったというが、この役職はアリストテレスが伝えるのみである。

第三の民主政的な要素は、市民総会としての民会によって代表される。だが民会の権限は限定されていた。たしかに役人を選びはしたが、役人は上流階層から成っていた。ただもしスフェスや元老院の意見が一致しないときには民会に問われたのである。スフェスや元老院が意見一致したときでも、両者によって投票が求められることもあった。なるほど市民の投票の自由は、形式的には制限されていなかった。富や生まれということは法的にとくに求められてはいなかったのである。ところが、現実にはこういったものが大いに要求されていたと思われる。投票グループや単位は不明。要するに民衆の発言権は乏しく、指導的な名門同士の権力闘争が展開してゆくのであった。

最後にカルタゴ独自のものとしての将軍職がある。特別職としての将軍、それが最高の行政官と分かれていたこと、さらにはカルタゴ市民が軍務から自由であったこと、これらは根拠確かな理論にもとづくものではなく、彼らが平和的な商業に従事していたこと、アフリカに重大な敵を持ちたくなかったことと結び付くともいわれるが、国家の型および支配領域の拡大、支配のあり方、市民権の問題などとも関連すると思われる。

ところでだれでも将軍に選ばれ、任期の制限はなかった。それでもある特定の家のものが将軍職をかち得、マゴ家やバルカス家（ハンニバルの属した家）という家の伝統をつくり上げてゆく。将軍職はたしかに特殊なものであったが、敗北した将軍に対していかに厳しい処置がとられたことか。追放・磔刑——それを決めるのが百人会だったのである。

実質は貴族政体

このように王政、貴族政、民主政の最も良いところの混ざった政体を有していたかにみえるカルタゴの国制も、実質的には貴族政体あるいは寡頭《かとう》政体であったといえよう。

ところがカルタゴの政体を混合政体とし、混合政体をもって最善とする捉え方を、ここで考え直すべきではあるまいか。混合政体論そのものにはいくつかの矛盾があるのに気がつく。まず第一に、それは都市国家ないしは領域的に比較的せまい支配領域しか持たない国家に関連するものだということである。次には、混合政体それ自体が現実の問題として持続不可能なものである、ということがある。さらに第三には、混合政体をもって良しとする理論の底には、あるいは現実にも、混合政体として賞讃されている政体が、貴族政体あるいは寡頭政体であったということがある。

カルタゴの政体を混合政体とし、しかもこれを優れた政体とする底には、右のようなことのあるのを忘れてはなるまい。

しかし実質的には貴族が国政をリードする社会であるカルタゴにおいては、すべてが様々な結び付き、相対立する利害で錯綜《さくそう》していた。婚姻政策をはじめとする血縁的な繋がり——家の伝統の護持、それが前五世紀のマゴ家、前三世紀のバルカス家を生んでゆくのであった。

ところで、そういった枠のなかにあって、カルタゴ人は一体、なにを最高のものと考えていたのであろうか。ここでカルタゴ人の「個性」、いやその独自性を考えてみたいと思う。

非政治的なカルタゴ人

アリストテレスは、カルタゴ人は何よりも富の追求を第一とした、そのことがオリガーキー(寡頭政)的な国制をつくり上げた、という。つまり「富裕さ」を唯一の資格とする階層の支配する国家、オリガーキー的国家である。たしかにカルタゴの政治における民衆の役割、市民団の影響力は、前三世紀末までほとんど耳にしない。

明らかに、ギリシア人やローマ人に比べてカルタゴ人は非政治的であった。市民大衆は一般に支配者層に対して従順であったといえる。たしかに「オリガーキーは、大衆を注意深く自由主義的に取り扱うものであり、従属させた土地をうまく搾取して、彼らには、その分け前にあずからせるのである」というように、不満の歯止めにもこと欠かない。しかし、それより、彼らには、特別な場合を除き軍事義務のなかったことが、非政治的な性格と結び付く。それは、市民としての連帯感や相互扶助意識の欠如となるからである。もっとも逆に、軍隊を基軸に民主主義的な独裁体制を樹立して天下をとるような形をなかなか生まないともいえる。良きにつけ悪しきにつけ、タイラント(僭主)出現の源となる民衆の動きはなかったのである。したがって、広汎な民衆の動きにさおさした行動もでてこなかった。

たしかに市民的な力と軍事的な力との対立・緊張、あるいは政府当局と将軍との対立がカルタゴの歴史を貫く一本の縦糸であり、この二つのものが、対立を通して高度な意味で一つになることのなかったところに問題があったといえよう。

前三世紀後半にはカルタゴ人の活動の範囲は拡大するが、経済的および政治的な変革はみられない。変革は、第二次ポエニ戦争後に現われるのである。その立役者《たてやくしゃ》が、わがハンニバルだったのである――第一次ポエニ戦争後、ハンニバルの父により民主的変革が行なわれたと主張する人もあるが。

土地と商取引

カルタゴの歴史を支えたのは、何度もいうように、生まれと富を基礎にした貴族であった。貴族――伝承によれば、つとに都市創設者ディドを支持したのは取り巻きの貴族であり、彼女を自殺に追いやったのも貴族であった。下って前六世紀には貴族と王との対立がくりひろげられ、その後も、曲折《きょくせつ》を経ながら、彼らは力を伸長してゆく。

カルタゴの故地に残る墓碑銘を読むがよい。祖先がどのような役職にあったか、系譜がくわしく刻まれている。名を重んずる姿勢は、祖父と孫が同名の例の多いのをみれば、首肯《しゅこう》できよう。

カルタゴ貴族の特権の基礎としての富、「エジプトでは、王は、その力のため、そしてまた古い神政的な伝統のため、神として崇められた。テュロスでは、王は、外国貿易で手にはいった富のため、崇拝された」というが、テュロスの植民市カルタゴでも、ことは同じであった。

商業・貿易の民としてのカルタゴ人、とりわけ貴族層の富の増大については喋々《ちょうちょう》する必要あるまい。ところが、前五世紀にアフリカの内陸部の平定が進むと、土地貴族政が在来の商業貿易にもとづく貴族政と並んで発展する。いやむしろ正しくは、支配者層は、外国貿易と土地経営をふまえて発展してゆくというべきであろう。

「たしかに、カルタゴ人は生きるために土地を必要としたにすぎない。でも戦争の準備、物資の貯えは、彼らのアフリカからひきだした財源《もの》によってのみ可能になったのである」

土地経営と人口

アフリカのカルタゴ人の土地は、大きく分けて二つの部分から成っていたといえる。一つは首都を養うためのもので、カルタゴ人の手にあった。今一つはリビュア人（アフリカ人）の手にあり、重い貢納《こうのう》義務の課せられた土地と推定される。前三一〇～三〇六年のアガトクレスのアフリカ遠征の攻撃の主目標が、町そのものでなく美の岬付近の沃地だったことを知っているし、ギリシア軍も後のローマ軍も、攻撃の狙いをカルタゴ貴族の肥沃な土地に向けている。

ところでこのように所有者の異なる二つの型の土地は、また利用および経営方法も異なる。前者つまり水はけの良い台地は、葡萄《ぶどう》・オリーヴなどの果樹園や牧草地となり、後者つまりローマ時代の地中海世界の穀倉《こくそう》を形成したメジェルダ河の平原、それにミリアナ河の平原が穀物畑として発展する。このような土地経営の型の差は、政治的・社会的な発展とも関連するが、前者では、カルタゴ人が土地住民を追いたてたり、あるいは彼らを農奴的なものとして働かすことになり、一方穀物畑、つまり後で占領した地域は、土地住民の手に残され、国家は彼らに現物貢納義務を課した。原則として十分の一税、ただし四分の一、二分の一の場合もある。

では、カルタゴの土地経営とローマの大土地経営との差はどこにあるのであろうか。理論面、現実面双方にわたって、カルタゴの農業経営がローマの大土地所有制の発展に大いに寄与したといわれるが、両者にはやはり差があった。

まず第一に、カルタゴ貴族は所領の特産品の独占保持に努めたということ、別のいい方をすれば、限られた地域の特殊専門的なシステム（＝中規模な経営）をとったということである。

次に彼らは不在地主的性格をほとんど持たなかった。いや、そうはいえないかもしれないが、ともかく否定しようとしたということであろう。農事作家のマゴはいう。「土地を得たものは、町の家を売るべきである。土地より町に住むことのないように。町に住みたがる人間に田舎の土地の必要はないのだ」と。ただしこれも義務ではない。そして、現実は、やはり問題といわざるをえない。

一体カルタゴはどれ程の人口を擁していたのか。西暦紀元前後の地理学者ストラボンは、市部だけで七十万という。しかしこれはいささかオーバーのようである。前一四九〜一四六年の第三次ポエニ戦争後の生存者五万、また戦いの間城壁を守った男子が三万といわれている。とすると、危機のときでも扶養しなければならない奴隷も含めて、総人口二十万位と推定するのが自然であろう、とみられている。もっとも前三世紀初頭のカルタゴ人口は、これよりも大であろう。

ただストラボンの推計が、美の岬や市の近隣地域を含む人口数であるならば、あながち誇張した数字ともいえまい。しかし、首都のそとのアフリカの地に、純粋のフェニキア系の子孫が十万以上もいたとは考えられない、というのが、現在の通説である。

人身御供《ひとみごくう》と母なる女神

カルタゴ人の信仰心の深さは、普通のセム系の人たちの宗教心の深さと変わりないものであったにしても、やはり古代人の間でも人に強い印象を与えていたようである。

カルタゴ人はテュロスの宗教および信仰を受け継いでいた。それはなによりも自然の恵みを祈るものであり、野蛮で血なまぐさい自然崇拝的な儀式と高度に発展した神学思想という両面を持っていた。テュロスの守護神メルカルトが極めて重要であり、超自然的な神々も崇拝されたという。

バール－ハモン神

だが最も主要な神は、バール－ハモン〝香煙の祭壇の主〟あるいは〝かまどの大帝〟であった。これは、いけにえを司る神、すなわちバール神の足もとの灼熱のかまどに幼児を投げ込む、こういう生身の人間のいけにえの風習と結び付いていた、ともいう。いけにえにされた者の灰（遺骨）は聖なる領域に埋葬し、そこに犠牲者を記念する石碑を建てている。

このバール－ハモン神崇拝は、前六世紀中葉から前四世紀はじめまですこぶる盛んであったと思われる。実は前四八〇年と前三九六年の敗戦の責任者、ハミルカルとヒミルコ（ヒミルコン）は、われとわが身を人身御供に供したといわれているほどである。

ところが、前五世紀末から、これまで名の知られなかった女神が姿をみせはじめる。それはいわゆるマゴ家支配から貴族に政権が移ったことに結び付く一種の宗教改革によるものであった。つまり女神タニトの登場である。天と月を支配するこの女神は、実りの恵みを与え、死者の眠りを見守るといわれてきた。しかもバール－ハモンのような残虐性はなく、ギリシアの女神ヘラ、ローマの女神ユノのように愛された。この女神の崇拝は、豊かなアフリカの土地の獲得、生命と豊《ほう》饒《じょう》の神崇拝に結び付くと思われる。実はタニトはフェニキア系の名前でなく、リビュア系の名であった。さらに加えて、西地中海一帯にこの型の女神「母なる女神」の崇拝の広まっていたことも結び付く。シシリーにも、南イタリアにも、「母なる女神」を求める思いがいかに強かったかを、われわれは知っている。

なおどのような宗教上の改革が行なわれたにせよ、一方では、宗教や信仰にみられる「保守的」な性格の持続――テュロスからの神の崇拝、年々テュロスの都市神に犠牲を捧げる――もまた否めない事実であった。人身御供といったようなものは次第に薄れてゆくが、古い宗教的伝統の核は残っていたのである。

文化の坩堝《るつぼ》

「母なる女神」の崇拝、ギリシアのデメテルやコレ神の輸入のように、地中海各地の宗教がカルタゴにはいってきたばかりではない。前三〇〇年頃、繁栄の絶頂期に達し、エジプトと友好関係を確立するまでに、いかに各地の文化がカルタゴに滔々《とうとう》として流れ込んでいたか。

試みに、現在盛んに発掘されている聖地の埋葬品をみるがよい。ガラス細工のペンダント「お守りの面」はシリア風であるし、また仮面はスパルタ風、エジプト文化の影響を受けた金属細工や宝石細工も墓から出土してくる。イオニア様式の「母なる女神」像もみつかるし、また明らかに輸入品とみられるコリントの陶器もある。これらは明らかに幾世紀にもわたる作品であり、何世紀のものであるかを確定するのは容易でないし、また輸入品かカルタゴの職人の模倣したものかもよく分からない。ただカルタゴ社会における職人のウエートの大きさは周知の通りである。

なるほどカルタゴは独自の文化と言語を保ってはいた。しかしそれ以上に、ギリシア文化、シリアおよび小アジアの文化を輸入して、それを吸収、こね合わせて、さらに西方に伝えたこともたしかである。

ユニークな国制を誇るカルタゴは、明らかに東西文明の架橋でもあったといえよう。

II　獅子の子として

1　カルタゴの救世主、ハミルカル

新しい道への萌芽

ハンニバルの生まれたのは、前二四七年あるいは二四六年のことであった。実は、彼の幼児期のこと、つまり生まれた年、家族、幼時の環境など分からないことばかりである。すべて偶然に言及されたことをつなぎ合わせて再構成するしか致《いた》し方《かた》ない。古代人の目は、こういったことに注がれていなかったのである。

父はハミルカル、母の名は分からない。ある伝えによれば、ハミルカルの父の名はハンニバルという。祖父の名が孫に受け継がれたわけである。家系を遡《さかのぼ》れば王家の出になるというが、真偽のほどは定かでない。必ずしも他より傑出した家であったとはいえない——のちの政敵ハンノの方がはるかに名門——にしても、貴族の家に属したことはまちがいあるまい。

実は、父ハミルカルは、明らかにハンニバルの向かう道を照らしていたのである。一面からいえばハミルカルの一生は、ハンニバルの伝記の一齣《ひとこま》を構成する。それは、古くからの伝統的な、市民的な力と軍事的な力との相剋《そうこく》に他ならない。平時ならば、緊張のうちにそれはそれなりに調和しているはずであるが、危急のときにはそうはいかない。

ハンニバルの生まれたのは、ときは第一次ポエニ戦争、父のハミルカルはほぼ三十歳前後、この前二四七年に軍指揮権を引き受けたところであった。実はシシリーの覇権をめぐって、この戦争は前二六四年に始まり、戦局はローマ側に有利に展開していたのである。もっともこれはカルタゴにとってはじめての強敵との対決であり、決してシシリーの覇権のみに留まらず、死活の闘いだったのである。ハミルカルは、今までのカルタゴの歴史的伝統＝家の力をふまえて、その上で新しい道をきりひら

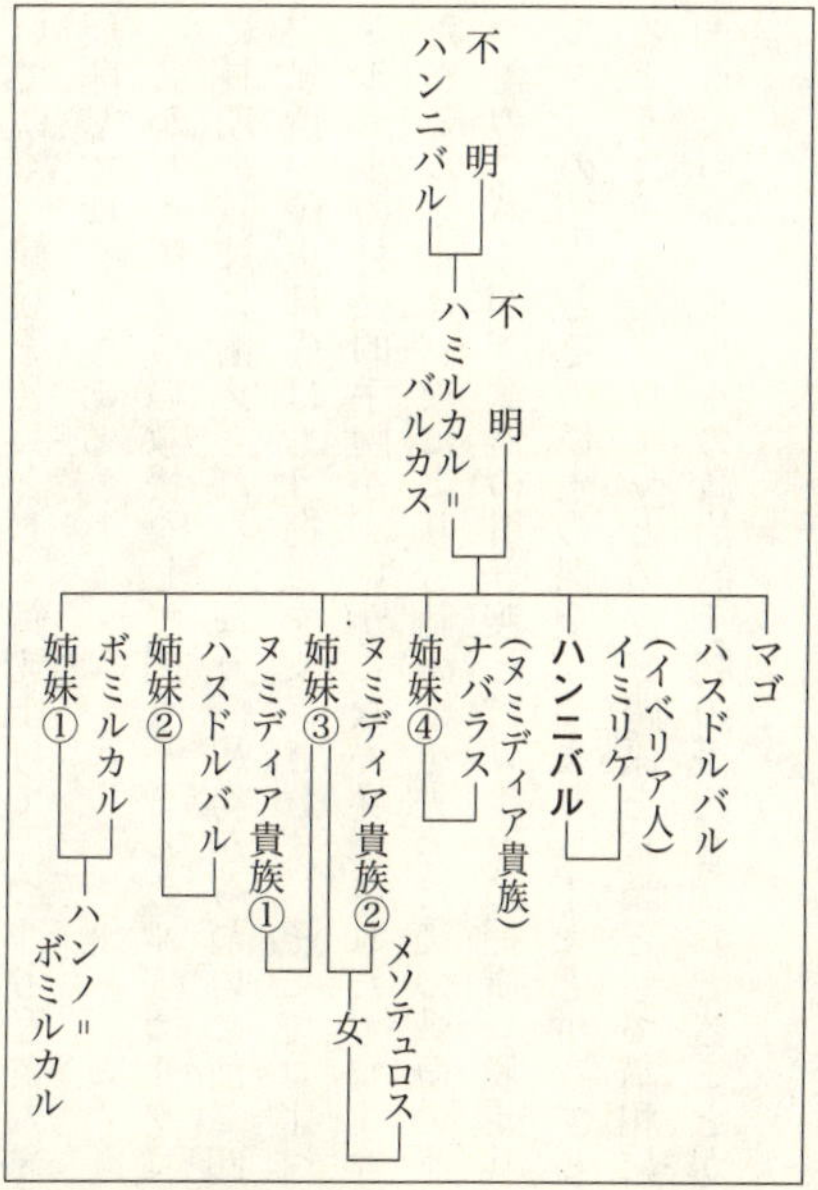

ハンニバルの系図

いてゆく。傭兵を私兵として鍛え上げて、つまり私的な結合を固めつつ、シシリーで作戦を展開してゆくのである。

しかし本国からの救援なしで闘うハミルカル。カルタゴの傭兵、いわゆる外人部隊は次第に長期の試練に耐えられなくなり、頽勢《たいせい》からついに前二四一年春の海戦の敗北を味わう。孤立無援の陸上部隊はもう拠点を支えきれず、そこでローマとの講和止《や》むなしとみてとったハミルカルの外交的手腕が、いかんなく発揮された。ローマとの和平締結を政府から委ねられたハミルカルは、なによりも制海権を失った後の戦争の不可能さを見抜いて、講和に踏み切ったのであるが、武器の引き渡し、ローマの捕虜（脱走兵）の返還要求を拒絶し、さらにカルタゴの独立とその領土の保全、つまりローマと併存する国家として生きてゆける道がとれるように求めた。ローマとの友好関係《アミキティア》を基調として講和にもっていった点、一個の将軍に留まらないハミルカルの政治的手腕の冴《さ》えを読みとることができよう。

兵士に選ばれた将軍

第一次ポエニ戦争後、カルタゴに帰ったハミルカルを迎えたのが、傭兵の叛乱であった。これに対して再び将軍としての才能をいかんなく発揮したが、ハンノとの反目・対立が展開する。シシリーから帰還した傭兵が政府に賃銀の支払いを求めたのに、シシリーで約束されたものを払う気持をさらさら持たない政府、その政府を代表するのがハンノであり、彼はシシリー現地軍将校に反感を抱いていたのである。この寡頭政グループの代表、ハンノは、大農場経営をバックとし、あらゆる対外的発展、とりわけ新しい軍事的冒険を否定する政策を代弁していた。

傭兵の叛乱はサルディニアにも飛び火し、またリビュアの農民や日雇いを含んだ暴動にと拡大する。この叛乱に対してまず戦争の指揮をとったハンノは、市民あるいは新しい傭兵をうまく組織する才はあったとはいえ、将軍としての手腕はなかった。ハンノと並んでハミルカルを将軍に任ぜざるをえなくなった。ヌミディアの領主も騎兵を引き具してハミルカル軍に加わる。彼は寛大さを約しつつ謀反者を切り崩す。

だが両将の対立も深刻さを加え、元老院も、一人の最高指揮官の任命を、兵士たちに委ねざるをえなくなる。兵士に対する政府の屈服である。これは、革命的なことであった。法的には国家から将軍としての指揮権を与えられるのであるが、事実は兵士の票によることになったからである。ここに将軍を推す＝選ぶのは軍隊であるという原則（というよりは、すくなくとも、ハンニバル一族の場合の慣例）が樹立したのである。一方兵士たちがハミルカルを将軍に選んだことにより、彼の軍勢がオリガーキー的な政治機構から自由になった。闘いはハミルカルとハンノとの反目もしくは連繫のうちに展開してゆくが、乱の平定まで三年四ヵ月かかった。

ハミルカルは兵士に支持されたばかりか、二人の娘をヌミディア貴族に嫁がせることによって、国の内外に強力な一種の従属関係を形成した。またカルタゴの救済者として都市住民の信望を集めた。婿ハスドルバルが民会を掌握していたから、民衆の人気はなおさらのことであった。

しかし守旧派ハンノ一派との確執はますます大きくなり、傭兵の乱をおさえたハミルカルは、カルタゴを発って船出せざるをえなくなる。

誓いをたてて

西地中海世界の覇者としての地位の回復こそ、現在のカルタゴに課せられた最大の問題であるのに、シシリーおよびサルディニアの喪失という厳たる事実もあり、活路は北アフリカから南スペインにかけて散在する拠点の掌握にしかなかった。兵士に選ばれた将軍であったが、軍隊内に元老院のお目付け役的な存在もあり、ハミルカルとしては、生きるか死ぬか、ぎりぎりの気持でことに当たらねばならなかった。その良い例としてカルタゴ船出のときの誓いをあげている人がいる。実はハンニバルが歴史に登場するのは、この前二三七年、父ハミルカルがカルタゴの港を離れてはるかスペインに向かうとき、バールの祭壇に対してハンニバルに行なわせた誓いにおいてなのである。バール神に犠牲を捧げ、祭壇の犠牲獣の血が乾くや、ハミルカルは息子ハンニバルを前に出して、ハンニバルに「ローマとの友好関係」を否定する誓いをたてさせたという。このときハンニバルは九歳であった。

ところが、これは、ハンニバルが晩年東方セレウコス家のアンティオコス三世のもとに流亡の身を託していて、ローマと誼《よしみ》を通じているとの嫌疑を受けたときに語った話ということになっている。自分は年端《としは》のゆかない頃から、ローマを不倶戴天《ふぐたいてん》の敵としていた、もう九歳のときに誓いをたてたのがその証拠である、として、この件を前面に持ち出したのである。

この挿話の信憑性《しんぴょう》、たしかにそれは問題であろう。しかし、これは次のように捉えるのが自然である。事実の有無よりも、問題は、親ローマ的な歴史家の筆で「ローマに対する復讐の誓い」、すなわち復讐戦の義務という風に潤色され、とりわけ第二次ポエニ戦争の責任はカルタゴ側にあるのだ、と戦争の責任をカルタゴに負わせるのに役立てたということである。

たしかにこの誓いは、父親の意志の不変の実現者としてのハンニバルを登場させるための手段とみてよかろう。ただ、この誓いをかりにそのまま採ったとしても、ポリュビオスの記事をふまえて考えれば、決してローマに好意を抱かない、というにすぎず、復讐の誓いといったような厳しいものではないことに注意したい。

なぜ、スペインに

将軍ハミルカルとしては、カルタゴを船出したとき、はじめからスペインに渡るつもりであったのか。公式の命令としては東アルジェリアとモロッコの後背地を押さえることであっ

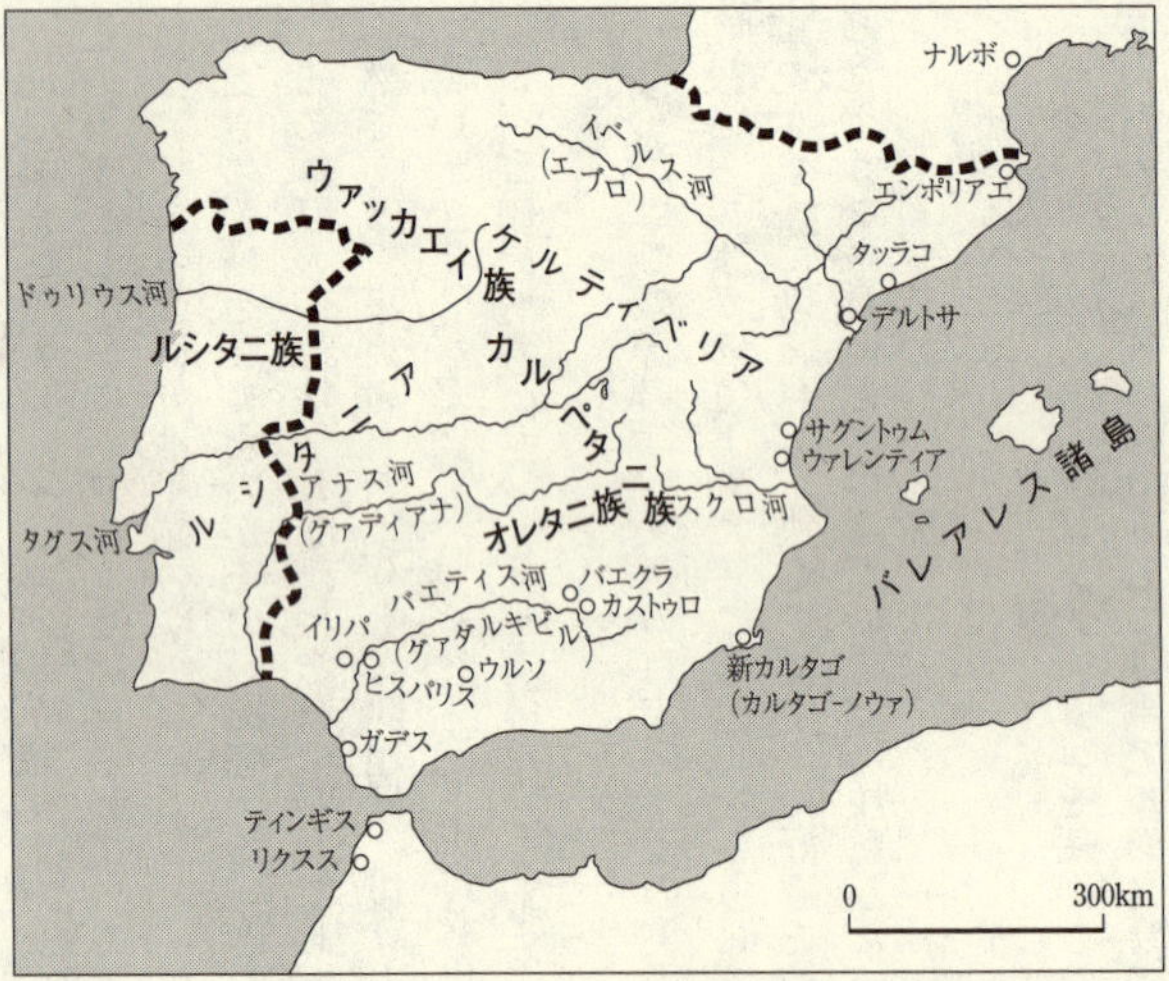

スペイン

た。ではなぜスペインに渡ったのであろうか。

それは、なによりもリビュアの将軍の権限領域として、スペインの南海岸、とりわけ北アフリカから護ることのできる南西海岸も含まれていたと思われるからである。しかも、ここで当時のカルタゴにおいて二派の勢力の対立のあったことを再び想起したい。アフリカそのものはハミルカルの政敵ハンノの勢力圏だったこと、したがって町の後背地――アフリカでの作戦に、ハミルカルとしては特に関心がなかったと思われる。

また元老院のなかの反ハミルカル的な発言として「将軍は命令を無視して、スペインで戦争を始めた」というのがあるが、逆にハミルカルを支持する仲間もカルタゴ本国にはいたのである。彼らと将軍との間には黙約があったとみてよかろう。なによりもカルタゴの商人層にとってスペインの占める役割はきわめて大きかったからである。ハミルカル一族のプランの如何《いかん》を問わず、祖国のために植民地を得ようとしたのか、それともヘレニズム的支配体制に倣《なら》ったバルカス家の支配体制の樹立であるのか、あるいはローマに対する復讐戦の根拠地とするつもりであったのか、そのいずれを問わず、カルタゴ本国との結び付きを断つことはできなかった。というより、本国にプラスするものが大いにあった、だからこそスペインに渡ったのである。

この本国との連繋の切れなかった例として、軍隊の構成を挙げねばなるまい。リビュア人、ヌミディア人、すなわちアフリカの軍勢（カルタゴの従属民）がハミルカル軍の中核をなし、それにスペイン軍が加わる。しかも有能な将校団はカルタゴ貴族から成っていたのである。

さらにスペイン支配の進展とともに、支配領域の統治にもカルタゴ人が充てられ、彼らはスペインの上流階層を構成してゆく。また反ハミルカル、反バルカス家的な心情にもかかわらず、本国の指導者層は、ますますスペインからの富を享受してゆくし、商人が活躍できたのも、バルカス家の武器あればこそであった。スペインはカルタゴからの貴族（つまり人間）により、カルタゴはスペインからの銀（つまり物）によって生きてゆくといえる。

バルカス家のスペイン支配

ハミルカルは豊かなアンダルシア地方を平定し、一歩一歩支配権を拡大してゆく。今までとは異なり、海岸地帯の点から内陸部の面へと支配が広がってゆくのである。それは公式にはカルタゴの支配領域であるが、実質的にはハミルカル個人、いやバルカス家の支配圏であった。兵士はもちろん、スペイン領主との関係も「個人的」な従属関係となる。

ところで、このバルカス家の支配は、ローマに対する復讐戦の第一歩だ、という具合にポリュビオスやリウィウスは記している。しかし現代の一歴史家は、これは結果からの逆推にすぎないとして斥《しりぞ》ける。カルタゴの歴史をふりかえり、地中海世界全体の動きをみると、必ずしもそうはいいきれないものが沢山あるからというのである。西地中海世界を制圧するのは歴史的伝統に他ならず、また東地中海、さらにはローマをみれば、諸国家が都市国家から世界帝国に移行しつつあるのが彼の目に映じたはずである。そのローマの視界の外で一つの大きな力を築くことに力点があったのではあるまいか。サルディニアを失ったカルタゴにとって、まず問題は復讐より再建である。なおローマもこれを完全に無視していたわけでなく、前二三〇年には使者が現われている。ただ、他の地方の戦争（対イリュリア、対ケルト人）に忙殺されていたとはいえよう。

ところでバルカス家のスペイン支配ほど独得なものはない。明らかにスペインはカルタゴの属領でなく、実質的にはカルタゴの一つの家＝王朝的性格を帯びる家の所領となってゆくのである。しかしもちろんハミルカルもその後継者も形式的にはカルタゴの将軍であり、背後のカルタゴなくしては法的な存立基盤はない。したがって彼らとしても、本国の支配層のうちにどのような敵対感が渦巻いていようが、本国との分離は考えていない。

ハスドルバルの政策

前二二九年、グァダルキビルの源流地帯の戦いで倒れたハミルカルのあとを継いだのは、ハンニバルの姉婿ハスドルバルであった。傭兵の叛乱の際に定まった原則に従い、兵士たちがハスドルバルを将軍として選んだのである。十七〜十八歳のハンニバルでは若すぎた。カルタゴの民会もこの選出を承認している。形式上は「リビュアとスペインの将軍」であり、したがってヌミディアの領主との争いの調停のため、将軍をカルタゴに呼びよせることになった。

実は、のちのハンニバルのように、ハスドルバルがカルタゴの国制の変革を企てた、という説もあるが、これはたしかとはいえない。

ともあれ、彼は軍事的手腕より外交的手腕に優れていたようである。それは人間操縦の才と組織力であり、前二四〇年代の民衆操縦の力量（伝承が正しければ）は義父も一目《いちもく》置いていたほどであった。義父の方策を継承して、力点をスペインにおけるバルカス家支配の確立にすえた。そのためスペインの地方領主との関係を婚姻政策によって固めた。自分が領主の

新カルタゴ（現在のカルタヘナ）の現状

娘を娶《めと》ったばかりでない。ハンニバルもその例に倣わせた。スペインの領主たちは彼を王と呼ぶようにすらなった。この点、ペルシアにおけるアレクサンドロスを思わせるものさえある。

またヘレニズム的な君主の手法を範として、首都、カルタゴ＝ノウァ（新カルタゴ）を設けて宮殿を建て、フェニキア・ヘレニズム混淆《こんこう》文化をつくり上げようとした。王城の建設自体、君主・王朝的な意識を示すが、その最も良い例が貨幣の鋳造であろう。

先に示した三種類の貨幣（一九頁）がそれであるが、王冠をつけたのがハスドルバルであり、この型の貨幣はシラクサにもあるし、明らかにヘレニズム的君主の姿であるといえよう。

新カルタゴの建設は、スペインの地にカルタゴ人の第二の故郷をつくることになった。母市の秩序がここに移され、カルタゴ人が都市の上流層を構成する。一方、義父ハミルカルと異なり、いや義父以上にカルタゴ本国との関係を深めようとした。新カルタゴの位置が、本国との商業・取引の点で生きてくる。彼はスペインの力を逆にカルタゴにまで及ぼそうとした、とまでいう古代の歴史家がいるほどである。

しかし新カルタゴの位置は、当然、地理的にマッシリア（マルセイユ）との問題をはらんでくる。ここは大通商基地マッシリアとの勢力の境だったのである。南フランスからスペインの東海岸にかけて存在するいくつかのギリシア人植民市の力が、ここまで及んでいたわけなのである。

両雄の対立が再び問題となるのは明らかであった。しかもマッシリアの背後にはローマが存在する。西方を志向するかにみえる地点に王城が築かれたこと、やはりそこに一つの問題がひそんでいるのを読みとったのも、ローマとしては当然であろう。

2 開戦の前夜

エブロ条約

ローマの目には、ハスドルバルとマッシリアの緊張が容易ならぬものと映じた。スペインは決して遠い国ではなくなった。南ガリアを脅かすものとして、視界にはいってきたのである。

ポリュビオス

ローマから第二回目の使者がスペインに来たのは、このとき、前二二六年のことであった（新カルタゴの建設後、ただし二二五年のケルト人のイタリア侵入前）。ハスドルバルはローマ元老院の使節に会った。ところは新カルタゴの王城である。このとき一つの条約が結ばれた。スペインの北東部を北西から南東に流れて地中海に注ぐエブロ河にかかわる条約であるため、いわゆるエブロ条約という。史料的にまことに様々な問題があるが、整理してみると、ほぼ次のようになるのではなかろうか。

条約のイニシアティヴはローマ側にあったと思われるが、内容は、史料によって次のようにちがっている。

㈠　ポリュビオスは、あらゆる個所で唯一の条件として、カルタゴ側が戦争を意図してエブロ河を渡ることはまかりならぬとした条約であるとする。それに対して、リウィウスやアッピアノス（後期（共和政末期、スラ前後、以降）年代記作家にもとづく。史料価値は問題）は、エブロ河をローマ・カルタゴの境界線として認めるのを双方の義務としたものとしている。

(二)　ポリュビオスによれば、条約は他のスペイン人についての取り決めを含んではいない。だがリウィウスは（リウィウス系史料も）サグントゥムの町（エブロの南の町）の平和を保証する特別条項があるとし、アッピアノスには、サグントゥムに留まらずスペインの他のギリシア人都市の自由を保証することが含まれている。

ところがポリュビオスは、別に、サグントゥムの攻囲、特に占領によって条約が破られたといっているから、この条約で同市に対するローマ側の保護を認めることが持ち出されたのだともみている。もっともこの場合、同市をエブロの北と考えているらしい。この地理的誤りは、アッピアノスにもみられる。

リウィウス

さらに条約の形式としては、

(一)　ポリュビオスによれば独立の条約、リウィウスによれば前二四一年の第一次ポエニ戦争の和平条約の更新、追加条項を伴ったものとなる。

(二)　ポリュビオス、リウィウス相共にカルタゴ側の条約締結者をハスドルバル一人としている。カルタゴで、元老院において結ばれたという一史料は信用できない。

独立の条約でなく旧条約の更新あるいは拡大ととれば元老院の同意が必要となる。ところが相手がハスドルバル一人であることは、独立の条約、また将軍の結ぶ条約とみることに連なる。ただローマ側の批准の問題があり、また双方がエブロのかなたでの軍事行動を禁止されたとすれば、サグントゥムの件はローマ側からみてエブロのかなたの都市の問題である、ということが複雑に絡んでくる。現在の解釈では、サグントゥムの件はこの国境協定のなかに含まれていなかったとみられている。サグントゥムに関する特別条項の挿入、サグントゥムをエブロの北と誤って位置づけること、および条約がカルタゴで結ばれたという主張、これらは後期年代記作家（リウィウスあるいはアッピアノスが大いに利用する）の試み、つまり戦争責任をカルタゴにかぶせようとする意図を示すものと思われる。

エブロ条約に関する近代の歴史家の見解も分かれている。条約はカルタゴだけを拘束するとか、あるいは単なる覚書にすぎないとか、多岐多様に分かれるのである。さらにサグントゥムまたは他の同盟市の保護規定の有無についても、学説林立の有様といってよかろう。

条約をふまえ、超えて

ハスドルバルはエブロ条約を承認したし、ローマの反対、カルタゴの反対も伝えられていない。

では、カルタゴ側、というよりバルカス家の行動が限定されたことになる、という意見もあろう。しかしそれに対しては、限定でなくてその枠内での行動が是認されたこと、したがってハスドルバルとしては支配権を固めること、しかし一方ローマの干渉を避けるという狙いは達成されたととるべきであろう。ローマとことを構えるのはどうしても避けたかったのではなかろうか。もっとも、復讐戦のためにときをかせごうとしたのだとみなすのは、やはりうがちすぎであろう。

一方、ローマ側としてはマッシリアのことも考慮している。マッシリアの勢力圏がピレネーの南エンポリアエからタッラコまでのびていたからである。しかしそれ以上に、なによりもカルタゴとケルト人との結び付きを断つ意図をここから読みとりたい。それは前二四一～二三七年の政策の延長であるし、前二二五年からの北イタリアへのケルト人の侵入が絡んでいる。

なおこの条約の背景として、マッシリアとローマの「錫の道」の確保をあげる人もある。コーンウォールからの錫は、ガリアの西海岸（ビスケー）から陸路三十日かかってマッシリアに達したという。ビスケー、ガロンヌの谷、ラングドック、オード河そしてマルセイユ（マッシリア）、つまりピレネーの北の道である。

ローマとしては、はるかエブロに境界線を引いたからには、それを生かさねばならない。実はエブロ条約ではじめて、ローマは僻遠《へきえん》の地スペインに関心を持ったといってよい。その限りでは、戦争、すなわち第二次ポエニ戦争の遠因ともいえよう。

これまではバルカス家がスペインを制圧、スペインの領主を心服させていたのに、今は事態も変わった。ローマは近くなった。反バルカス的な力が頭をもたげる。ローマに心を寄せるものも力をのばす。その焦点になったのがサグントゥムなのである。新カルタゴとエブロの間の町である。この町の二派の争いの進展により、条約締結後日も経ないうちに、両派がそれぞれローマ・カルタゴ双方に援助を求めることになった。反ローマ派は町を逃れて新カルタゴに身を寄せる。

この経過は、エブロ条約の生み出した新しい関係にとって一つの徴候的なものを意味した。ローマとハスドルバルが懸命に自己の権限領域内に留まろうと努めていたそのときに、全くコントロールのきかない問題を、スペインの部族や都市が持ち出したのである。地方的な争いが、大国の援助を求める――その向かうところは?

ところで、条約締結前後いや締結後のローマは危急存亡の淵にあった。前二二五年には、ケルト人がポー河流域に現われ、エトルリア(トスカーナ地方)まで押し寄せている。地中海各地の情報網により、この苦境はカルタゴ側も分かったはずである。復讐戦の素志《そし》を堅持していたとすれば、なぜハスドルバルはこの機会を捉えなかったのか、条約を厳守したためか、等々の疑問が湧き上がる。

またこの頃ローマでは、カルタゴの仇敵《きゆうてき》の子孫が執政官として登場している。彼らがケルト人とカルタゴ人との協同作業の可能性を恐れたことは明らかであり、コルシカ・サルディニア・シシリー・南イタリアの守備力を増大している。しかもケルト戦争は続く。しかしハスドルバルがローマを衝こうとする気配はない。エブロ条約を遵守《じゅんしゅ》するためか？——やはり阻止要因は海上支配権がローマの手にあったことであろう。

エブロ条約はハスドルバルの外交的手腕を示すというが、たしかに一歩退くことによって現実的な処理をしている。これはカルタゴの伝統に従ったものといえよう。とすれば、この頃ローマを衝かなかったのも、カルタゴの伝統的な政策に従ったまで、というべきであろうか。

彼はスペインの野で、つまりローマからはるか離れたところで戦いを続けてゆく。ところが前二二一年に暗殺され、リビュア・スペインの軍隊は、若いハンニバルを将軍の後任に選んだ。スペインの領主たちもこれに異存なかった。騎兵隊の指揮官として傑出していたばかりでなく、自分たちの仲間の娘を娶った人物だったからである。

スペインの野とハンニバル

ハンニバルの将軍就任に対して、軍隊やスペイン人の間では、反対はなかったかもしれない。ところがカルタゴ本国の承認が、抵抗なく得られたかどうかという点に関しては、疑念をはさむ学者もいる。ハスドルバルの場合とは違うというのである。ハスドルバルならカルタゴ本国の人たちもよく知っていた——とくに民衆に人気があった——のに、九歳のとき故国を離れたハンニバルについては、ほとんど知るところがなかったからという。しかしバルカス家に寄せる民衆の支持を考えれば、貴族層としても、あえて異を唱えて内乱の危険を冒したくはなかったであろうと思われる。

一方、ハンニバルは将軍の位につくや、自分の道を歩んでいった。前二二一年晩夏、グァディアナ河の源流のオルカデス族の地（首邑《しゅゆう》はカルタラ）に遠征した。次いで二二〇年にはアンダルシアから軍を進めて、後のアウグスタ＝エメリタ（現在のメリダ）を越え、今のスペイン・ポルトガル国境に沿って北上、ウァッカエイ族を攻撃した。現在のサラマンカを奪取、西方つまりドゥエロ（ドゥリウス）河をサモラの上流まで達した。

冬にはいる前に帰還しようとして、カスティラ高地、カルペタニ族の土地を通った。彼らはハンニバルをタホ河（今のトレド付近）で阻止した。彼らは、オルカデス族、ウァッカエイ族の逃亡者を含んでふくれ上がって十万を数えていたのである。数においてハンニバルははるかに劣っていたので、彼も衝突を避け、敵のわきを通り抜け、夜、流れを徒渉した。大変な難行だった。対岸で敵に相対そうとして、河に沿って下る。敵は翌朝、明けやらぬうちに流れを後から渡って押し進もうとしたが、思いがけずハンニバルの方からの攻撃をもろに受けた。蛮族の大軍は大混乱状態に陥り、撃破された。逃げる者は一兵にいたるまで追跡され、殲滅《せんめつ》された。トレド付近のこの一戦は、実はわれわれにとってその詳細の分かる、ハンニバルのはじめての戦闘であった。しかもここでは、予期しない事態をいかに見事に統御するか、冷静さ、大胆さ、撤退と攻撃との調和の妙をいかんなく示している。場所をうまく捉えて、あらゆる困難を乗り越える手腕のほどが――。

カルタゴ軍のスペインでの戦闘中最大の勝利であり、勝利の知らせ、ハンニバルの名は全土に轟き渡った。今や半島全体を支配する日の遠くないことが明らかになった。この勝利の影響がいかに大きかったか。これまで中途半端な気持だった部族が、今やしっかりとバルカス家に結び付いた。東海岸のサグントゥムまでこの動きは波及していった。実はこの町から追放されてハンニバルのもとにあった人が、故郷に戻ることのできるチャンス到来と思ったのである。

軍隊とギリシア的教養

ここでハンニバルの軍隊について一瞥《いちべつ》しておこう。一言でいえば、軍隊は、俸給と略奪の魅力のために仕える職業軍人によって構成されていたといえよう。歩兵は、ギリシア・ヘレニズム世界の密集隊形戦術を採用している。第一次ポエニ戦争で、クサンティッポスが指揮をとり、軍を組織するに当たり、ギリシアのそれを範としたからである。つまり肩と肩を並べる重装歩兵の密集隊形である。重装歩兵はカルタゴ周辺から集められ、さらにアフリカおよびスペインで補充されている。これに軽装歩兵も加えられるが、なによりもカルタゴ歩兵の特色は、投石兵（主にバレアレス諸島出身者）にあった。

騎兵は主にスペイン人から成ったが、最精鋭部分を構成したのはヌミディア人であり、その機動力（軽装騎兵としての、というべきであろう）は恐るべきものがあった。

さらにあまりにも有名な戦象については、アフリカ象（そのなかの一つの型）を主体としつつ、インド象も含まれた、という説をはじめ、諸説ある。御者を「インドイ」と呼んだとしても、彼らをインド人、象をインド象とすることにはならない。一般的呼称なのである。ハンニバル軍の戦象の主体としてのアフリカ象は、森の小型の象であり、灌木地帯の大きな象ではない。肩までの高さは、二・四メートル（インド象は三メートル。灌木地帯のアフリカ象は三・三メートル）。ただし前二一八年から二一七年にかけて生き残った象シュルスは、カトーによれば、第二次ポエニ戦争中、最も勇敢に戦ったインドの戦象だったという。ところで、この小型のアフリカ象は――よく画にみられるように――上に象カゴをつけるには小さすぎ、一人の象使いがこれに乗って投げ槍を使ったものであろう。

ところでハンニバルは、冬を、新カルタゴでギリシア的な教養を高めるのに費やしている。すでに父のもとにギリシア人の側近層が形成されていたのである。第一次ポエニ戦争の歴史を書いたアクラガス（アグリゲントゥム）のフィリノスがとくに有名であるが、ハンニバルのもとには、遠征を記したスパルタのソシュロス、シシリーのカレ・アクテのシレノスがあった。なおハンニバルの側近として最も著名な人物はマゴ（サムニウム人か？）とマハルバルであるが、スパルタのソシュロスからスパルタの王制やエフォロス制についての知識を得たと思われる。ハンニバルのギリシア語の素養については古来諸説あるが、堪能であったとみてよかろう。とくにギリシア・ヘレニズム世界の軍事関係の作家から大きな影響を受けたと思われる。松明《たいまつ》による通信連絡（スペインとアフリカ）は前四世紀の作家アイネイアスにもとづくものであろうし、その他アレクサンドロスの軍事技師の書物の影響も想定できる。さらには、先に述べた貨幣、またのちのフィリッポス五世との同盟のときに誓った神を思うと、彼に対するヘレニズム的なものの影響の大きさが知られる。

ただなによりも、ハンニバルにはアレクサンドロス大王の姿が大きく映じていたのではあるまいか。彼の遠征プランに対して、アレクサンドロスの偉業、あの何千キロにわたる山地・荒地そして敵地を通り抜けての大遠征事業が、深い影響を与えなかったとは到底思えない。

Ⅲ　地中海世界の覇権をめざし

1　アルプスを越えて

復讐戦か？

一体ハンニバルは、もともとローマへの訴え、イタリア進軍の意図を有していたのかどうか。

最古の史料ともいうべきファビウス＝ピクトルは、戦争を起こした責任を個人的なものつまりハンニバルにかぶせている。それ以上にハスドルバルとハンニバルに責任あり、とする。しかもそれは母国の指導者層との対立とも連なる——指導者層の意に反して——というのである。ファビウスをふまえたポリュビオスは、ハミルカルから続いてハンニバルの責任は明々白々であるという。ついでローマの歴史家にとって、それは一つの公理的なものになっている。

一方、近代の歴史家のなかでは、モムゼンが「ハンニバルは将軍に任ぜられるや直ちに戦争開始を決意した」とする。エドワルド＝マイヤーは「ハンニバルが戦争を望んだのだ」とし、「戦争はカルタゴが望んだのでも、ローマが望んだのでもない。また両者の招いたものでもない——それはハンニバルによるのである」という。その他、イタリアの学者にもほぼ同じ見解をとるものが多い。

ともかくバルカス家の一員として、祖国の運命をかけた戦争をひき起こした責任は、ひとえにハンニバルにあるというのであり、彼の蒙らねばならなかった悲劇も、決して不当なものではない、ということになるわけなのである。

本当にそういえるのであろうか。事実の流れそのものを検討すると、すこし違った見方も可能なのではあるまいか。

ハンニバルの将軍就任後の動きを追うと、すでに述べたように、直ちに半島内陸部のスペイン人に対する遠征を行なっている。彼がイタリア遠征の素志を抱いていたならば、当時のローマはケルト人の侵入に悩み、元老院内部に二派の対立のあったことが分かっているから、内陸部遠征などより直接イタリアを衝けばよかったはずである。もっとも、その力を二年も遠征に割《さ》かれるとは思わなかったということもあり、また蛮族への威嚇が、若い将軍の威名を高めるためにも必要だったということもあろう。しかしそれでも疑問の残るのは否《いな》めない。

戦争の口火

しかしともかく内陸部遠征によりバルカス家の支配は半島の大半に及び、諸部族がますます彼に服属してゆく。前二二〇年の晩秋、その遠征から帰ったハンニバルを迎えたのが、ローマからの使節であった。今はローマもケルト人の侵入を撃退し、その地に組織的に砦を築きはじめている。ローマの使者の携えてきたのは、他ならぬサグントゥムの問題であった。

実はバルカス家支持の波は、東海岸の町サグントゥムにまで及んでいたのである。そこで数年前この町から逃れてきた亡命者が今こそ故郷に戻れる機会到来と思っていたのに加えて、この町は近隣の部族トルボレテス族と争い、この部族がハンニバルの支持を期待していたという事情もあったのである。彼らは、とくにサグントゥムの支配者層と争っていた。孤立したサグントゥムの有力者層はそれに対して援助を外に求めざるをえず、ここにローマがクローズ-アップされてくる。ローマ元老院に、この町の使者が現われ、援助を懇願する。それでもローマはすぐにスペインのことに力を割く余裕がなかった。ところが今ようやく、ローマの使者が新カルタゴのハンニバルのもとに現われたのである。

サグントゥム問題

ローマの使者はいう。「サグントゥムはローマの保護下にある。この町への干渉はいかなるものであろうと阻止しなければならない」。実はサグントゥムが真の意味でローマの保護下にあったのかどうか、あるいはそうだとしても一体何時《いつ》からかという点をめぐり、近代の学者の見解は分かれている。

　ともかくハンニバルはきっぱりとローマの干渉を退けた。「自分ではなく、ローマ人が前に干渉したことでこの町の争いが起こったのである。自分としては亡命者を見殺しにできない」と。もちろん、ここには若々しい自信、自分の力に対する確信、ローマに対する深い憎悪の念が働いていたとみられる。それでも熱情にかられての発言でなく、彼にははっきりした見通しがあったのである。エブロ条約である。ローマの要求が条約を超えるものであることを彼は知っていた。妥協の余地がないわけでもなかったが、サグントゥムはカルタゴの勢力圏たるスペインの中枢部への入口を扼《やく》する。これがローマの手に落ちれば、スペイン支配は水泡に帰す。というより、これまでのローマのやり方、すなわち同盟関係の展開という手法によって、いかにその支配領域を広げてきたか、

サグントゥム（現状とはかなり差がある）

その伝統的な術策を見抜きえた彼は、決然たる態度をとったのである。一度屈すれば、スペインの各部族に対する威信を失う。いや雪崩《なだれ》現象を起こす。それでは第一次ポエニ戦争勃発時のメッサナをめぐる争いと同じではないか、と。

かくなる上はとローマの使者は、要求を携えてカルタゴ本国に向かう。本国には反ハンニバル的立場の有力政治家も多かろうというのである。しかしハンニバルも直ちに本国に報告を送り、自分のやり方の正当性、カルタゴの権利を守るための行動であることを訴え、これは受け入れられている。

カルタゴの本国政府がローマの使者にどういう返答をしたのかは分からない。色よい返事を与えたかもしれない。しかし現実には、だれもがすでにハンニバル支持の必須さを読みとっていたと思われる。さればこそ、ハンニバルの願いをいれて、彼に全権を委ね、スペインでは自分の考えで行動してよいとしたのである。

地平線のかなたに暗雲が垂《た》れこめている。このことを、経験を積んだカルタゴの政治家は、はっきりと見抜いていたのである。

サグントゥム攻囲戦

サグントゥムは、今はまことに土臭い小さな村である［これは一九六一年に訪れたときの印象。一九九七年再訪のときは、結構まとまった町という感じがした］。険しい丘が村にのしかかるようだ。その急斜面を利用したローマ時代の劇場あと、丘の上は中世の砦のあと、とかげがはしりまわる廃墟だ。――なにも目ぼしいものは残っていない。

前二一九年春、ハンニバルはこの町の包囲に踏み切る。険しい丘の上の町、攻撃できるのは西方からだけであった。ヘレニズム世界の攻城術の限りを尽くして、城門に達する。突撃部隊のため白兵戦のチャンスを狙う。だが要害堅固のサグントゥムはなかなか落ちない。さりとてローマが援軍を送ってくる気配もない。攻城戦、いやサグントゥムの人にとっては絶望的な戦いが、八ヵ月も続く。数週間で落とせると思ったカルタゴ側の大誤算であった。晩秋、十月末もしくは十一月はじめに町は陥落した。殺戮《さつりく》と破壊――富はハンニバルの手に落ちる。戦利品を本国に送ったのは、本国の支持を得るためであった。攻略に日時を要したのは、野戦ですばらしい才略を示したハンニバルも、攻城戦

サグントゥムの攻囲戦（15世紀のミニアチュール）
ギリシア人の建てた町サグントゥムの人は，アフリカ人＝蛮人の軍門に下るのをいさぎよしとせず，すべて――人も物も――火中に投じた，という。

は不得意だったからという意見を出す人がいる。たしかに、彼のみごとな騎兵戦術を展開する場が乏しかったかもしれない。

しかしここには問題が二つあった。一つはハンニバルのローマと戦争する意志の有無であり、今一つはローマがなぜ八ヵ月間も、落城まで腕を拱《こまね》いていたかということである。

第一の点については諸説あるが、サグントゥムの包囲戦自体、必ずしも彼にローマと積極的にことを構える意図のなかったことを示すものとし、その傍証として、包囲中もスペイン、もちろんエブロの南で軍事行動を展開していることを挙げている人がある。エブロ条約をふまえての、スペインでの支配権の確立というのである。ところで本当に、サグントゥム包囲に対してローマが介入《かいにゅう》してこない、という確信があったのであろうか。問題は残る。

しかし、ともかく包囲中は、ローマも口出ししてこなかった。軍事的にも外交的にも手を打ってこなかった。それはなぜだろうか。

まずポリュビオスのいうように、アドリア海遠征に忙殺されていたから、ともいえよう。だがこの遠征は予想よりはやく片づいている。では、単にハンニバルの行動を計算できなかった、あるいははるかなるスペインのことなど問題でない、とみたのか。

むしろ、ここでローマ政界の内側をのぞいてみる必要があるのではなかろうか。たしかにローマは今岐路《きろ》に立っている。半世紀前シシリーに一歩踏み出したときのように。もっともシシリー、サルディニアは元来ローマの防壁だったのである。ところが、今サグントゥムの問題に直接かかわりを持つのは、イタリアの自然の国境を越えることになる。政策の転換である。これからは一種の帝国主義的な政策をとることになる。

ここで、純イタリア的な政策の代表者、今までローマを大ならしめてきた人たちが、このような政策転換に反対したと思われる。その代表者がクィントゥス＝ファビウス＝マクシムスであった。後に、「ローマの楯」と謳《うた》われる人物である。このファビウスが、新人、仇敵《きゆうてき》ともいうべきガイウス＝フラミニウスと結び付いて、主戦派たる「元老院の長」、商人層の利益の代弁者ルキウス＝コルネリウス＝レントゥルスと対立していた。そして差し当たり、平和派の意見が勝つ。もっともサグントゥム陥落の報告のはいる前は、と限定している人もあるが。

サグントゥム攻囲と陥落との間には、政治的な視点からみて差はないのであるが、ローマへの挑戦、栄誉を傷つけられたこと、それが次のステップへのローマ市民の同意を得るように使われたと思われる。そこで、主戦派グループの主張が前面に出てくる。

決　裂

今この段階にたちいたってようやく、カルタゴにローマの使者が送られた。カルタゴ元老院に対して最後通牒《つうちょう》の形をとって、戦争責任をハンニバルおよび彼のもとにある有力者層にかぶせようという意図のものであった。したがってローマ元老院の代表者は、拒否された場合の宣戦の全権を与えられていたとみられる。

カルタゴ側は、もちろんハンニバル引き渡しを含むローマの要求を受けいれることはできなかった。

ところがポリュビオスによれば、カルタゴ側はハスドルバルのエブロ条約を持ち出さず、前二四一年の和平文書をもとに「サグントゥムは決してローマの同盟者に非《あら》ず」という一件を持ち出している（ポリュビオスは史料的にファビウス＝ピクトルに遡る）。エブロ条約つまり自分たちに有利な法的手段に訴える代わりに、それをむしろ排除している。これが実は近代の学者を誤らせ、エブロ条約は戦争勃発時に法的問題になっていないという意見まで出てくる。しかし、ある学者の解釈は次の通りである。

カルタゴ政府当局がエブロ条約に触れなかったのは、ローマに対する迎合を意味した、と。ローマ人がエブロ以南で戦闘行為を展開しているというハンニバルの非難は欠落し、ただローマではなくサグントゥムが平和を破ったとされる。ここにはカルタゴ政府の期待がこめられているのである。つまりカルタゴ側の権利の主張まで自ら放棄してしまうことで、ローマ側が戦争回避のためにサグントゥムを手放すこと、これを期待した、と解釈するのである。それは、ローマにとっては単なる威信の問題にすぎないからというのである。

すくなくともカルタゴ側としては、ローマの使者に対し、自分たちは平和愛好の気持を抱いていることを明らかにしたわけで、そのためにエブロ条約を持ち出さず、むしろ両国が恭《うやうや》しく誓いをたてて結んだ和平条約をとり上げたのである。この条約ではサグントゥムはローマの同盟者リストに載っていない。したがってスペインの地の将軍ハンニバルが、カルタゴ－シンパに対する暴虐行為のためサグントゥム人を裁判に引き出したとしても、それは法的に許されるし、また召喚された者が彼のその権限を拒否したら、平和を破った町に対して軍事行動に訴えてもよくなるわけであった。

ローマの使者は答える。「サグントゥム占領は法違反だ。その責任者を引き渡してほしい」と執拗《しつよう》であった。もちろんこれが拒絶されたことは推定して誤りない。この場合、ローマの使者の要求をカルタゴ本国が拒絶する素地を、ハンニバルは十分につくり上げていたからである。つとに前二二〇年秋、カルタゴ政府が将軍に全権を委ねていたこと、それをふまえてハンニバルは本国政府に物質的・政治的に十分に働きかけ、自己に対する反対は芽のうちにつみとっていたのである。ローマの使節の長は宣戦を布告することになった。なお以上の駆け引きは、最後のぎりぎりの瞬間にあっても、戦争責任を明らかにカルタゴ側にかぶせようとする意図にもとづくものといえよう。

かくして西地中海世界の覇権をかけた死闘が始まる。カルタゴにとって、のるかそるかの冒険を意味した戦争、それを始めた責任がハンニバルにあったかどうか、本当にハンニバルの意図するところだったか。解答は容易でない。ただ、両方の力を比べると、明らかにローマが優っており、ハンニバルもそのことはよく知っていた。それにもかかわらず、ということだけはいえそうである。

ローマとカルタゴの力関係

両者の力関係をみると、一言でいえることは、ローマの方が圧倒的に優位にあったということである。

なによりもローマは海上支配権を確立していたが、それに加えて全イタリアの力を結集できる段階にあったといえよう。四十六歳までの武装可能なローマ人の青壮年男子は三十万強を数えたという(四十万以上とする学者もある)。因《ちな》みに全イタリアの成人男子は九十万弱を数えたとみてよい(自由人の総人口は二百七十五万)。ポリュビオスの記事、つまり前二二五年のローマおよびイタリア同盟市の武装能力者、歩兵七十万以上、騎兵約七万という記事をめぐり、様々な論議が行なわれているのである。

一方それに対して、カルタゴの民族性を考え、商業国という国家の性格を思うと、カルタゴの軍隊(いわゆる傭兵)がローマの正規軍団兵にたち打ちできるとも思えなかった。さればこそ、ハンニバルは戦争勃発直前、ガデスのヘラクレスつまりメルカルト神に犠牲を捧げている。若者の持つ楽観的な気持もかすかにあったとはいえ、勝利も希望も持てずただひたすら祈願するのみであった。この挿話は、ヘレニズム的教養の持ち主ハンニバルであっても、祖国の神に祈らざるをえなかった証拠だという。

ただ第一次ポエニ戦争に比べると、スペインを掌握していたことが兵力的・財政的に極めて大きな意味を持っていたことはたしかであった。しかしそのスペインが必ずしも平穏というわけにいかず、なにより海上支配権が完全にローマの掌中にあったことが問題であった。

長征の途に　前二一八年、ハンニバルは新カルタゴの王城をあとに長征の途にのぼった。妻はあとに残した。イベリア半島の領主との結合の保証としてである。

五月、エブロを渡る（五月出立、七月エブロという説もある）。条約は無視されたわけである。近代のある学者は、ハンニバルはもともと北スペインを平定したかっただけであり、はじめからイタリア進軍の意図はなかったという。しかしポリュビオスの叙述をそのまま読めば、やはり当初からイタリア進軍の意図を有したとみなければならない。

スペインおよびアフリカに兵を残さなければならなかったが、弟のハスドルバルに歩兵一万二千、騎兵三千、象二十一頭を委ねたばかりか、のちにエブロの北に、ハンノという指揮官の下、兵一万一千を残した。そこでハンニバルの率いる兵は、八月はじめのピレネー越えのとき、歩兵五万、騎兵九千であったという。ペルピニアン、ナルボンヌ、モンペリエを通ってローヌ–デルタ地帯の前で北上、今日のアヴィニオン付近でローヌ河畔に達した。ときは九月。兵力は歩兵三万八千、騎兵八千、象は三十七頭になっていたという。

それでもこの兵力の減少はいささか大きすぎる。脱落者――しかし騎兵の減少のすくないことも併せ考えると、将軍の権威が確立していなかったので、とくにスペイン人に脱落が多かった（引き返させた兵もある）とみるのが一番自然であろう。

ローマの対応

ハンニバル軍に対するローマ軍は一体どうであったか。慣例に従って二人の執政官が二つの主軍を指揮することになった。プブリウス＝コルネリウス＝スキピオの率いる一軍は歩兵八千、騎兵六百、同盟軍の歩兵一万四千、騎兵千六百から成り、海路スペインに向かうことになっていたのに対して、今一人の執政官テイベリウス＝センプロニウス＝ロングスの率いる軍勢、歩兵八千、騎兵六百、同盟歩兵一万六千、騎兵千八百がシシリーに集結して、艦隊の力を借りて長駆カルタゴの本拠を衝くことにな

ローヌ河の渡河図（18世紀の版画）

っていた。

これはプランとすればまことに秀れており、そのまま実行されていたら戦いは一年以内で片付けられてしまったであろう。ところがしかし、ローマ軍はこのプランをすぐさま完全に変更してしまう。それは、ハンニバルの動きによるのであった。

最初の衝突

ローヌ河畔に、ハンニバルは達するには達した。だが渡河に必要な舟がない。大急ぎで渡河用具をかき集めさせる。対岸つまり東岸にはケルト人部族が、カルタゴ軍阻止のために集まっている。しかし河の流れ、河の幅をみると、とても攻撃できそうにない。

夜。ボミルカルの子、ハンノに一軍（スペインの兵）を授け、敵に気づかれずに、上流の方に遣《や》った。彼は三五キロ離れたところ——中洲があった——で河を渡る。馬も象もいない小部隊（騎兵を含むという説もある）だったので容易であった。その上で、急ぎ東岸を南の方に戻ってくる。

翌朝。ハンノ到着ののろしがあがる。ハンニバルは兵士を筏《いかだ》に乗せる。これが対岸に着くや否や、ハンノ軍がケルト人の背後に現われて、陣営を占拠する。ケルト人は前と後ろから攻めたてられた。粉砕、河岸の占拠——。ローヌ河岸に着いて五日目だった。残りの兵も象も、ことごとく、一日のうちに河を渡らせた。

ハンニバルのローヌ渡河の頃、北スペインに向かう途中の執政官スキピオの軍勢が、ピサからマッシリアに着いた。彼は、ハンニバルのピレネー越え、ローヌへの接近の報を受けた。騎兵の一部（三百）を北方に偵察のため送り出す。ところが途中、ヌミディア騎兵の索敵隊五百に遭遇し、小競合《こぜりあい》となったが、ここで両将軍がはじめて相手方の動きを知ったわけである。

ハンニバルは、ローマの遠征軍の目標を知っても迷わなかった。軍隊の配置を変えてガリアの地でローマ軍に挑戦するのは断念した。この地の滞在が長引けば長引くほど、この秋のアルプス越えが問題となる、適切なときに自分がイタリアに現われるためには、ローマ軍の北スペイン上陸を甘受しよう、と。一方スキピオは、急ぎ北上した。ローヌ河で敵を阻止できるという希望を抱いて。

ところがアヴィニオンの地に着いたとき、カルタゴ軍は三日前に北東に向きを転じていたのである。スキピオも今は撤退を決意した。追跡しても意味はない、と。一体ハンニバルがアルプスを越えられるかどうか疑わしいではないか、とみたのであろう。このようにしてスキピオは、はじめにたてた作戦を変更した。

自軍の大部分を兄グナエウスに委ねて、マッシリアからスペインに向かわせ、自分は騎兵の一部を連れただけでイタリアに戻ることにした――予期に反してハンニバルが、ポー河流域に現われたら、これに対処するためであった。のちに、人はこの処置を称讃している。ローマ軍のスペイン上陸は、カルタゴの兵にハンニバルの後詰《ごづ》めの役割を失わせ、したがって戦争の成り行きにも決定的な影響を与えるものである、と。果たしてそういえるか。ハンニバルの動きの成功を本当に見通せたら、北イタリアに兵を集中させていなければならないはずであった。彼の対策はやはり中途半端である。

アルプス越えのルート

ハンニバルのアルプス越えに関して、一体どういうルートをとったかについては、本当に様々の説がある。しかし出発点と到達点とは、われわれにも分かっている。前者はローヌの支流、イゼールの谷であり、後者はケルトのタウリニ族の首邑、今のトリノである。

ルートに関する諸説を検討すれば、優に数冊の本ができ上がるが、それらのなかから、私は次のルートをとりたい。ローヌをイゼールの合流点まで遡り、東に折れてイゼールの谷を遡り、次いでアルクの谷を進む。ここからコル－デュ－クラピエに達したとみたい。モン－

スニの山のなかの、今日ほとんど忘れ去られた峠である。そしてイタリアはドラ＝リパリアの谷に下りてゆく。

ハンニバルは、まずアロブロゲス族の土地を通り抜けねばならなかった。この連中は、ローヌ、イゼール、ジュネーヴ湖の間、今日のドーフィネの地方に住んでいたのである。この地にはいったとき、領袖《りょうしゅう》マギルス（マガロス）を長とする北イタリアのボイイ族の使節に遭った。彼らは、ハンニバルに、北イタリアについてのくわしい情報を、はじめて提供してくれた。それればかりではない。これからの進路についての知識も。今後、随所でみせられることだが、ハンニバルの情報収集力の見事さが、ここでも生きてくる。

ところでアロブロゲス族の領主の間で、ちょうど二人の兄弟が覇権争いをしていて、ハンニバルの仲裁を求めた。裁定もうまく成り、彼らとしても、ハンニバルの前部アルプスへの道を妨げることはできなかった。見も知らぬ高い山を越えての行軍、そこには森も野原もないであろう。食糧をどうしても補給しておかねばならなかったが、それも十分にできた。

第一回の合戦

ついにアルプスへの登りにはいる。これから一体どれだけの困難に立ち向かわねばならないか、ひしひしと身に迫るものがあった。

ポリュビオスは、ハンニバルはアルプス越えに十五日かかったという。

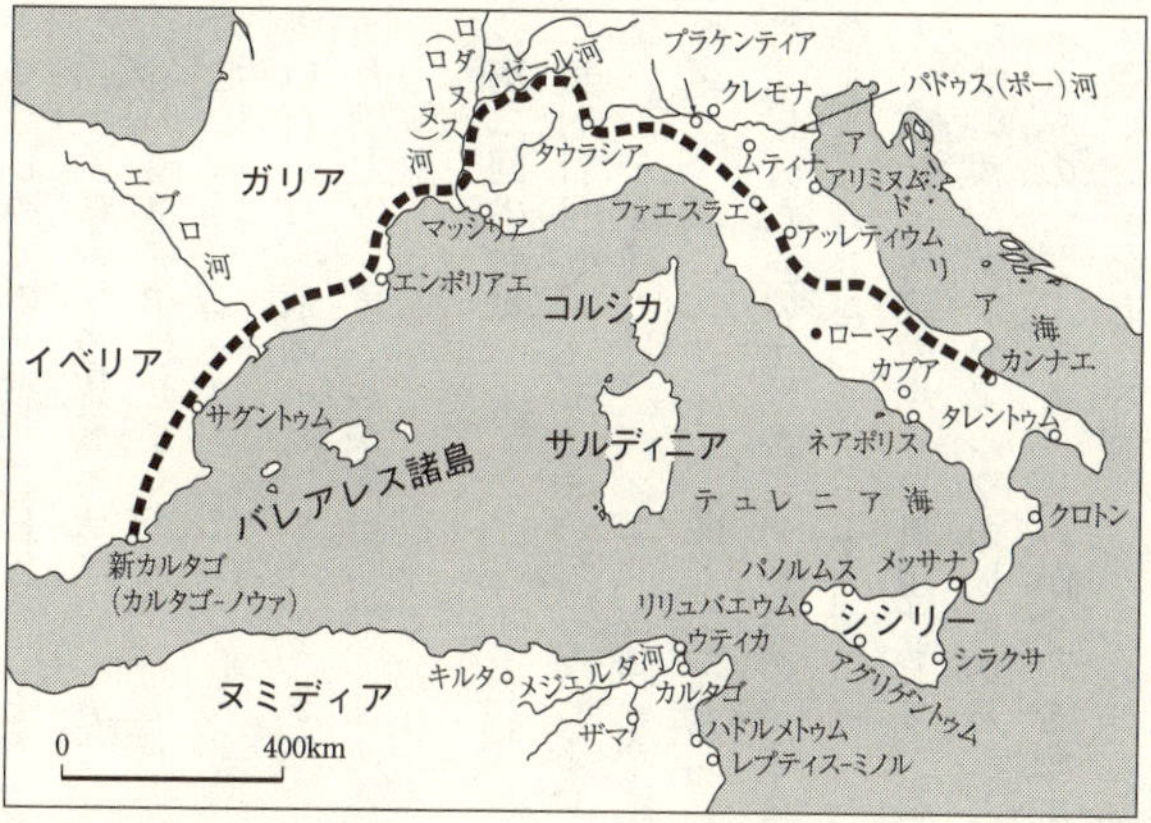

イタリア遠征のルート

前部アルプスの〝猫山〟は要衝の地であった。ところが、アロブロゲス族はただ日中この砦を占領しているだけで、夜は隣の部落に退く、こういう慣習を、マガロスの忠告によって知った。そこで一計を案じた。

ハンニバルは野営し、土塁《どるい》を築かせる。日没とともに陣営の火をできるだけ赤々とさせ、敵の警戒心を起こさせるよう命じた。真夜中、陣営の火の燃えるさなか、軽装歩兵すべてを高みに突撃させ、夜は人のいない砦を占拠させた。夜が明けるや、敵は知った。何が起こったかを。だが騎兵や象の主力部隊がゆっくり進んでいるのをみて、直ちにこれに襲いかかってきた。大混乱——だがようやく高みの部隊が救援にかけつけ、形勢は逆転する。部族の本拠は占領・略奪され、穀物も家畜も酒も奪取された。これが登りの道にはいってはじめての合戦、二日目のことだった。食糧の補給が成ったばかりでなく、この地方のケルト人に対する影響も大きかった。第三日目は休息。

谷の道は次第にせまくなる。谷の森の彼方には、未知の世界、アルプスがある。前衛の象の足は重い。この巨獣にはケルト人も恐れおののき、ケルト人の馬もこれをみておじけづいていたから、前衛にしていたのである。それでも前方に聳《そび》える雪をかぶったアルプス、一体四万以上の大軍、しかも重装備、加えるに馬や荷車を伴った大軍が越えられるであろうか。

第二回の合戦

第七日目。上イゼールの谷、ケウトロネス族の土地にはいる。領主たちは、戦闘の意志のないことを言明し、ハンニバル側の希望に応えて人質や山案内人などを提供した。ところがハンニバルもマガロスも欺かれなかった。彼らは外見上友好的な姿勢をみせることでもって、自分たちの土地からの物資の徴発をまぬがれ、次いで隘路《あいろ》でカルタゴ軍の輜重《しちょう》に仕返しをするつもりだったのである。ハンニバルはさらに兵を進める。象と騎兵を輜重の前にすえ、重装・軽装の歩兵を後尾にして、行軍の護衛はハンニバル自身が引き受ける。せまい谷にはいった。多分アルクの地であろう。ハンニバルの予想していたことが起こる。ケウトロネス族の奇襲である。高みから石を転がす。ハンニバルの部隊は大混乱に陥る。しかし、ようやく奇襲を退ける。

第八日目からは、敵は、ときおり襲撃を加えてくるだけとなった。だが、アルクの谷から、えんえんたる軍列は、コル－デュ－クラピエへの登りとなる。二四八二メートルの高所だ。夜の冷えこみの厳しさ。眠りもとれない。脱落するものもふえる。人馬もろとも、岩に足をとられて倒れる。象も斃《たお》れてゆく。

アルプス越え（19世紀初期の版画）　かなたに北イタリアの平原をのぞむ。

雪のアルプス

峠に達する。冬も近い。夜、陣を張った。辛うじてもち上げてきた薪で暖をとる。すくなくとも象のために。コル－デュ－クラピエは幅約一キロ、長さ二キロ強の鞍部《あんぶ》である。ここでようやく一息ついた。

峠からは、アルプスの東斜面が目にはいる。そして、その彼方、はるか地平線上に北イタリアの平原がのぞめた、という。神が、明るい晩秋の日をハンニバルたちに贈ってくれたのであろうか。ハンニバルは、目ざす地を指でさし示すことができた。

しかし、翌日から再び重い雲が垂れこめる。嵐、そして雪さえみまってくる。雪は決して融けることはなかった。固い万年雪の上に新雪がつもってゆく。山は東に向かって鋭く落ちこむ。道はますますせまく、険しい。いてついた道、人も、馬も、そして象も倒れ、滑り、谷間に落ちてゆく。象はわずか二十頭しかドラ-リパリアの谷を下ってゆけなかった。

アルプス越えは十五日かかったという。一万二千のリビュアー-フェニキア人の重装歩兵、八千のスペイン歩兵、六千の騎兵、二十頭の戦象しか、ハンニバルの手もとに残らなかった。なるほど失ったものは大きかった。前二〇七年初夏、のちの弟ハスドルバルのアルプス越えに比べると圧倒的である。しかし、その代わりハンニバルの得たものも小さくはなかったのである。不撓不屈《ふとうふくつ》、しかも毅然《きぜん》たる姿勢は、兵士たちの信望をかちうることになったといえよう。これは、傭兵にとってはまことに大事なことであった。アルプスを越えてきたのはヘラクレスだった。

山を降りて、人も馬も休息をとる。ここにはまだローマ軍は現われていない。だがしかし、このあたりのケルト人部族、つまりタウリニ族は、カルタゴ人に与《くみ》する気が全くない、ということが分かった。その首邑、タウラシア（今日のトリノ）を急襲して占領する。山越えで弱っていたとはいえ、カルタゴ軍は、今やローマの北方に厳《げん》として立っていたのである。しかも、ところは、ローマに必ずしも友好的とはいえないポー河流域のケルト人のただなかに。

2　イタリアの野をかけめぐり

最初の小競合《こぜりあい》

冬のアルプスを越えてハンニバルは、十月はじめにポー河に達した。どうしても北イタリアのケルト人を味方にひきいれる必要があった。でも一体、どれだけの可能性があったか。見通しは暗かった。まず彼の最初に遭遇《そうぐう》したタウリニ族が公然と叛旗をひるがえした。大体、北イタリアの人たちは慎重で、ハンニバルを信用せず、事態の進展を見守っていたのである。タウリニ族の首邑を占領した後、やっとポー河上流域の部族が彼に与してゆく。ではローマ側はこれに対してなにも手を打たなかったのであろうか。実はプラケンティアに執政官スキピオが着いてはいたが、その地の兵は、元来ボイイ族の蜂起した土地において、ケルト人に対しての備《そな》えとなるにすぎなかった。決してカルタゴ軍を迎え撃てるようなものではなかった。そこで、アフリカに向ける予定だった兵を、シシリーから呼び戻さねばならなかった。これはアフリカ作戦の断念を意味したが、すでにマルタを占領していた執政官ティベリウス＝センプロニウス＝ロングスのこの軍を、どうしても、北イタリアに転じさせなければならなかったのである。

スキピオとしては、漫然《まんぜん》とこの動きを待っているわけにはいかない。無為・沈黙は、ケルト人に対してローマ軍の弱体さを示すことになるからである。止むなくスキピオは、西方のハンニバルに向かって軍を進める。

プラケンティアとタウラシア（トリノ）の中間、ティキヌス河（ラゴ－マジョーレより流れ出て、ポー河に注ぐ）の西の平原で、両軍の先遣隊がぶつかった。ハンニバル騎兵六千に対し、スキピオ騎兵二千である。

このとき、イタリアではじめてハンニバル騎兵——とくにヌミディア軽装騎兵——の優秀さが実証されたのである。軽装備のローマ部隊は粉砕され、スキピオも傷ついた。息子すなわち後の大スキピオがいなかったら、彼は捕虜になっていただろう［原典批判の結果、大スキピオを賞揚する創作とされている］。大きな戦闘ではなかったが、緒戦の勝敗は、その後の戦いの進展に大きな影響を与えた。

ローマ軍はトレビアまで退く。この地帯が大きく揺れ動く。ケルト人、とりわけインスブレス族が公然とハンニバルに奔《はし》った。スキピオ陣営のケルト人の補助部隊も動揺し、ハンニバル側に鞍がえするものが続出した。一晩で二千以上も。もっとも彼はこれを家郷に帰した。それでもハンニバル軍はますますふくらみ、ケルト人だけでも一万四千を数えることになった。そのうち五千が騎兵であった。

これに対してスキピオはトレビア河東岸に退き、ひたすらセンプロニウス軍の到着を待った。ハンニバル軍は八キロはなれて陣を布いたが、なかなか攻撃の機会がつかめず、ただ周

ティキヌス河
クレモナ
パドゥス(ポー)河
パドゥス河(ポー)
トレビア河
プラケンティア
ムティナ
ボノニア
コリナ峠
ピストリアエ
アリミヌム
アドリア海
メタウルス河
アルヌス河(アルノ)
アッレティウム
コルトナ
トラシメヌス湖
ペルシア
イルウァ
コルシカ
テュレニア海
ティベリス河(ティベル)
アルバ・フケンス
ローマ
サムニウム
ゲルニウム
アルピ
ヘルドニアエ
サラピア
アウフィドゥス河
ベネウェントゥム
ルケリア
カンナエ
カシリヌム
カプア
ブルンディシウム
シヌエサ
カンパニア
カヌシウム
ノラ
ウェヌシア
アプリア
クーマエ
ネアポリス
プテオリ
タレントゥム
メタポントゥム
ルカニア
サルディニア
トゥリイ
ブルッティウム
クロトン
ヘラ・ラキニア神殿
メッサナ
レギウム
ロクリ
アエガテス諸島
パノルムス
ヒメラ
ヒメラ河
エリュクス
リリュバエウム
シシリー
レオンティニ
ヘラクレア・ミノア
アグリゲントゥム
ゲラ
シラクサ
ウティカ
カルタゴ
バグラダス河
メリタ(マルタ)島
0
200km

イタリア全図

辺地帯を荒らして、ローマ軍の物資を略奪することでもって良しとしていた。

もっとも、ローマの南方軍の到着前に、何故ハンニバルはローマ軍を叩《たた》かなかったのか、ということには問題が残る。その余裕がなかったからか、両軍を一緒に粉砕する自信があったからだろうか。

満を持して

十二月なかばまでにシシリー軍団も着き、両軍の力関係もようやく一変する。ローマ側はイニシアティヴをとれるだけの力を持つことになった。両軍の兵力を比較すれば、カルタゴ軍は歩兵二万、騎兵一万以上、軽装兵・弓兵八千を数え、一方ローマ軍は、正規軍団の歩兵一万六千、同盟歩兵二万、騎兵四千を数えた。数字は史料によって異なるが、ローマ軍が兵力的に優っていたこと、しかし騎兵はカルタゴ軍が優位を占めていたといえよう。

傷ついたスキピオは、合体した両執政官軍の指揮権を同僚センプロニウスにゆずらざるをえなかった。スキピオの忠告をふりきって、彼が戦いをしかけることに決したのは、後に色々といわれるように必ずしも馬鹿げたことだったとはいえまい。なによりも本人がハンニバルを叩くためにシシリーから長駆兵を率いてきたのであるし、北イタリアが次第にハンニバルの手におちてゆくのを手を拱《こまね》いて見ているわけにはいかなかったのである。戦いを恐れる理由はない。あのティキヌス河の戦いは騎兵の闘いであったが、今はローマの正規軍団を主体とする兵士がカルタゴ軍に相対しているわけである。季節が悪いといっても、それは敵も同じである。こうみると、戦いを決したのは、無謀でもなんでもなかったといえよう。

両軍の兵力は拮抗《きっこう》する。だが戦術に差があった。ローマ軍は歩兵にウエートをおく中央突破作戦にすべてを賭《か》け、騎兵はただ翼を守るだけにすぎない。ところがハンニバルは、攻撃の重心を中央ではなく翼においた。つまりまず騎兵が敵騎兵をけちらす。次いで旋回《せんかい》して、全軍を側面および背後から攻撃する。一方自軍の歩兵は、翼からの敵包囲網の完成まで、中央攻撃を持ちこたえなければならない。なるほどハンニバルのプランは見事であるが、ローマ軍より複雑、しかも成功の保証があるわけでない。なによりも騎兵が戦闘に加わるまで、中央部が持ちこたえられるかどうか、中央が突破されれば、戦いは敗北となる。様々な方面の行動が、適確に時間通り行なわれるかどうかが問題であった。その場合、有能な下級指揮官がどうしても必要であり、また偶然性という要素がどこまでもつきまとう。したがってハンニバルはあらゆる手を尽くして、偶然性のはいる余地を減らそうとしたのである。

トレビアの戦闘

十二月も終わりに近かった。戦闘の前日、ハンニバルは弟のマゴに精鋭の兵二千（うち半数が騎兵）を授けて、別働隊として河岸の平野の南の方に送り出した。

氷雨《ひさめ》の降る日だった。まだ明けきらないころ、ハンニバルはヌミディア騎兵に河を渡らせた。ローマ軍を戦闘に誘い込んだのである。彼らはこれに襲いかかる。ヌミディア騎兵は次第に押されてゆく。うしろはトレビア河。水かさも増している。だがローマ軍は勢いに乗じて河を渡ってくる。彼らは食事もとっていないし、装備もそこそこに、小競合《こぜりあい》からぬれねずみのまま決戦場にかり出されたのである。

一方、ハンニバル軍は、腹ごしらえをし、暖もとり、装備も十分に、待ち構えていた。翼に騎兵、中央に歩兵をすえた。歩兵はケルト人を真ん中に、両側にスペイン人とリビュア人をおいていた。前面および中央と翼の間に弓兵・石兵が軽装兵と共におかれた。左岸に渡ったローマ兵は押し返される。援軍を求める。結局、全軍投入となる。氷のように冷たい河を渡る。左岸のローマ軍もやっと立ち直り、密集隊形で再び敵に向かう。本当の決戦となった。圧倒的に優ったヌミディア・ケルト騎兵はローマ騎兵をけちらす。一方、ローマの正規軍団兵は、ハンニバルの歩兵を押しこんでゆく。ケルト歩兵は退きはじめ、万を数えるローマ兵が、敵の戦列を破った。

このとき、前夜別働隊として南に向けられていたマゴ麾下《きか》の騎兵が、背後から襲いかかる。また敵の突撃に向けさせられていた騎兵も、翼からローマ軍の中央部を包みはじめる。大軍は今や三方から攻撃された。霧はますます深く、氷雨はいつしか雪に変わっている。ローマ軍は大混乱に陥る。河に突き落とされた兵士も多い。執政官はようやく残兵を収拾した。

ローマ軍はトレビアの陣営を撤去して、アリミヌムに戻った。今や、プラケンティアを除き、ポー河の流域一帯はすべてハンニバルの掌中に落ちた。

戦闘を急いだのは、センプロニウス＝ロングスの功名心、つまりコルネリウス氏（スキピオ）に対抗しようという名誉心によるのであるが、また一面ではローマの威信のためでもあった。

しかし敗戦にもかかわらず、ローマ側はさほど悲観的な気持になっていなかった。執政官センプロニウスはローマへの戦争報告にいう。「雪と霧のため確実な勝利をのがした」と。

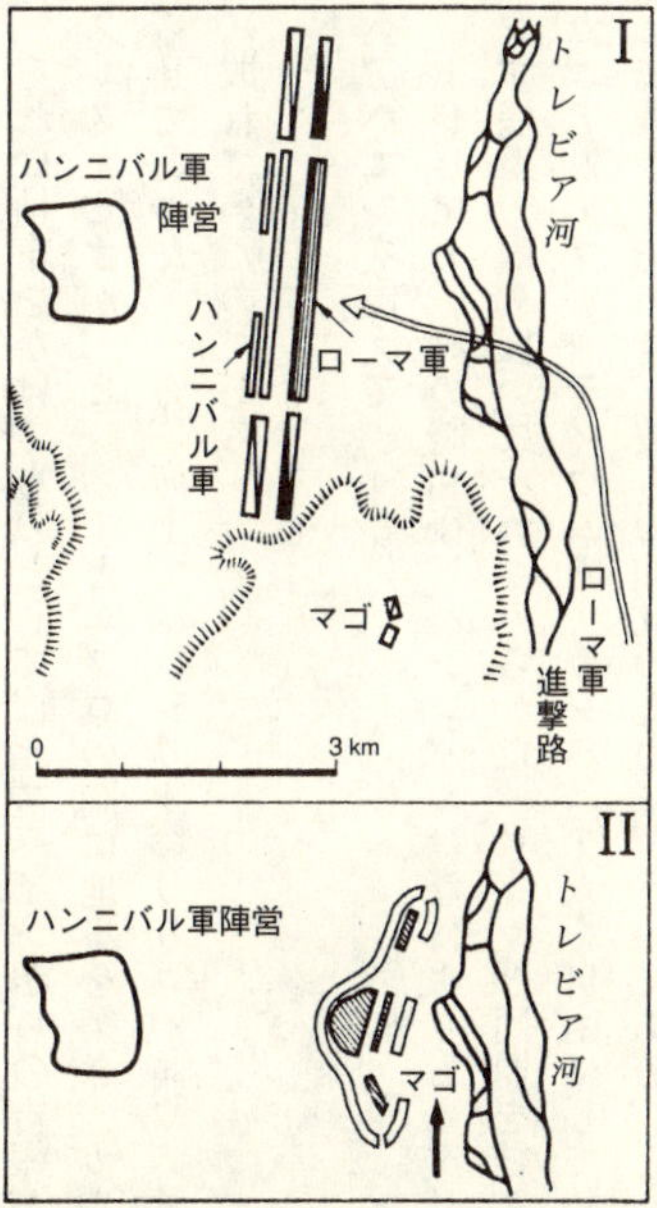

トレビアの戦い布陣図
（クロマイヤーによる）

もちろん敗北の責任の転嫁である。しかしハンニバルの戦術の見事さを見抜けなかったことを意味するものでもあった。ローマ側としては、ハンニバルの新しい戦術の採用など思いもよらず、状況さえ良ければ勝てる、とみていたようである。

それに拍車をかけるものとして、北スペインからの吉報が届いた。執政官の兄のグナエウス＝スキピオが、ピレネーとエブロの間に地歩を築き、カルタゴの守備隊を破ったという知らせであった。一方、海上ではシシリーのリリュバエウム沖のカルタゴ艦隊が、ローマ艦隊に敗れていたのである。

アペニンを越えて

トレビアの戦いの勝利後、ハンニバルはなによりもイタリアの同盟市の切り崩しを図る。まず捕虜の取り扱いにそれがみられた。ローマと同盟を結んでいた連中、サムニウム人・ルカニア人・ブルッティウム人・カンパニア人を自由にして故郷に戻した。自分はローマに対して戦うのであり、彼らの独立のために闘うのである、ということを身をもって示したわけである。当時のエトルリアの貨幣にカルタゴの戦象を刻印したものがあるが、これは、フェニキア人に対する親しみ、イタリアの解放者として迎える気持を示したものともいえる。しかし、近年ではこの貨幣はもっと昔のものという説もある——。

さらにケルト人の問題があった。トレビアの戦いでローマ軍の主力の攻撃を持ちこたえる立場にたたされた彼らとしては、フェニキア人の命を救うために自分たちが犠牲になるのではないか、という不安があり、村に帰るものも続出した。これをどうするのか？　それに加えて、本国の和平派ハンノとの関係もある。

しかし、ハンニバルは果たして北イタリアをローマ攻撃の拠点とする意図を持っていたのか、という問いに対しては、ネガティヴな解答しか出てこない。

他方、戦いに敗れたローマ側は、軍団の立て直しを図る。シシリー、サルディニア、南イタリアを固め、スペインでの戦役を続行してゆく一方、アペニン山地でカルタゴ軍を防ぐため、前二一七年の執政官グナエウス＝セルウィリウス＝ゲミヌス（閥族《ばつぞく》派）はアリミヌム付近、今一人の執政官ガイウス＝フラミニウス（民衆派、オーガナイザーとして傑出）はアッレティウムの地域を固めた。この両軍が離れていたのは、ハンニバルがアペニンのどのあたりを越えるかが分からなかったからである。彼はもちろんこの布陣を察知し、エトルリアに向かって軍を進めた。

貨幣に刻まれた象　インド象のシュルスか。

季節的にはまことに悪いときにあたった。しかし三月末ないし四月はじめにボローニアから大体コリナ峠あたりを越えた。歩兵二万、騎兵四千、雷や霰《あられ》に悩まされつつも、今日のピストイア（ピストリアエ）のあたりで平原にはいった。狙いは、フラミニウス軍の背後を衝いて、ローマとの連絡を断つことにあった。

コルトナの方向に向かう。ところが、アルノ河とその支流の大氾濫に遭遇した。雪は融けて泥沼と化して、道も分からない。三晩、兵士たちは一睡もできない。ずぶぬれとなり、病人も続出する。最後の一頭になってしまった象（シュルス＝インド象）に乗っていたハンニバル、彼も眼疾に冒され、ついに右眼を失ってしまう。

ところが、ハンニバル軍で最も問題となったのはケルト人であった。彼らの前を進むスペイン人やリビュア人、後詰《ごづ》めの騎兵が、ケルト人の逃走・脱落を防いだ。

エトルリアへの道はひらけた。アッレティウムの西を通り抜け、コルトナすなわちフラミニウス軍とローマとの間の土地にはいった。もちろんこの報告は、ローマ軍にも届いている。セルウィリウスはフラミニウス街道をアリミヌムから南に向かい、フラミニウス軍（三万）は、両軍合体して、という忠告に耳をかさず、直接自分たちだけでカルタゴ軍を追いはじめた。

トラシメヌス湖畔の戦い

トラシメヌス湖は、ティベルの谷とキアナの谷の間の湖で、山が湖岸に迫り、森も深い。軍隊を通せる道は北岸のみ。

北岸にはコルトナからペルシア（現在のペルージア）への道が東西にはしる。長さは九キロ、東方の出口、そこから山を越えて東の方ペルシアの谷へ向かう道が抜けてゆく。

実は戦闘の場所、部隊配置については諸説いり乱れている。湖の北岸の線が古代と現代と

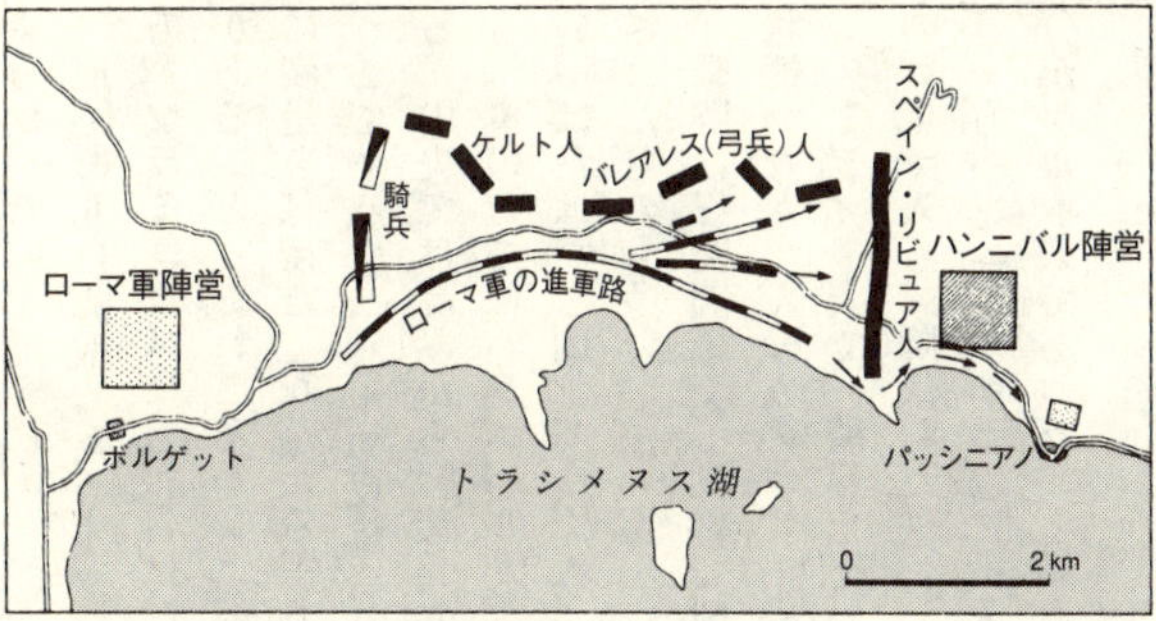

トラシメヌス湖畔の戦い布陣図（デ=サンクティスによる）［241頁参照］

異なる点をふまえて、イタリアの学者が一九六四年新説を発表しているが、ここでは古典学説の一つをとる。

ハンニバルは、東への出口にスペイン・リビュア歩兵をすえ、その西の方の高み、道路の北にはケルト人と軽装兵［とくに弓兵］をおいた。ここは木が鬱蒼《うっそう》と茂っている。また騎兵は西の登り口のところにすえておいた。

ときは、前二一七年六月二十三日。朝。まだ谷間には霧が深く垂れこめていた。日が次第に昇ってゆく。と、すべてがはっきりしてくる。ローマ軍は完全に罠《わな》にかかってしまったのである。騎兵隊、軽装の歩兵、正規軍団の縦隊――普通の行軍と同じく正規軍団兵は、青銅のヘルメットを脱いで軽いフェルトの帽子をつけていた。そのうしろに幾百の荷馬《にうま》が重い足どりで続く。重装歩兵のための煮炊きや天幕の材料、土木用具をひきずっていたのである。このように最後尾には、糧秣《りょうまつ》と陣営の道具をもった大輜重隊《しちょうたい》がおかれていた。正規軍団兵の真ん中の馬にまたがった執政官の赤いマントは、遠くからでもよく分かった。

道路の北に陣取ったカルタゴ騎兵が報告を受ける。敵は谷の道にはいってきた、と。一方、フラミニウスにも報告ははいる。峡谷の出口、南（東）の高みにカルタゴの哨兵と天幕がある、と。これこそハンニバルの後衛にちがいない、と自己の見通しどおりになったことに満足を覚えた。なんたる誤りだったか。

ここでハンニバルの攻撃命令が下る。西の方から騎兵がローマ軍の巨大な輜重隊を捉える。中央では高みから軽装兵およびケルト人の飛び道具が、正規軍団兵の縦隊にあびせられる。東の方ではハンニバルが、重装歩兵をふりむける。どの部隊も戦闘隊形をとるひまがない。ばたばたと倒れてゆく人。馬も、恐怖のため右往左往するだけであった。湖に突き落とされたものも多い。

戦闘は三時間続く。湖畔で斬り殺されたローマ兵は一万五千、降伏したのは一万。大混乱状態のなかで、一人のケルト騎兵がフラミニウスを馬から突き落とした。ヌミディア人で、騎兵を率いたマハルバルが、追跡に移る。戦場からようやく脱した六千のローマ人も、降伏した。

一方ハンニバルが戦場に投入した五万の兵のうち、倒れたのはわずか千五百、それも大部分がケルト人であった、という。

決戦のあと

勝利後のハンニバルの姿勢は、外見的にはまことに人間味溢れるものであった。斃《たお》れた敵の執政官の遺体を探し出して、恭《うやうや》しく軍人らしく葬るようにとの指令を下した。ところが遺体は結局見つからなかった。さらにトレビアの戦闘後と同じように、ローマと同盟関係にあるイタリアの都市の成員の捕虜をすべて解放し、故郷に帰した。多分シラクサの王の救援部隊（重装歩兵千、クレタの弓兵五千）の兵士もそのように取り扱われたことであろう。

捕虜たちに向かって次のようにいった。「自分はただローマに対して闘っているのである。決して、ローマとの同盟を強制されたイタリア人、抑圧されたイタリア人と闘っているのではない」と。この心理作戦の効果は、戦場での勝利以上のものがあった。軍事的な勝利は政治的な勝利のための第一歩にすぎないのである。

事実、この後のハンニバルは、剣の力よりもイタリアの諸都市の有力者もしくは有力グループとの結び付きを密接にし、かつ拡大しようとする。ここでクローズ＝アップされるのが、カンパニア地方であった。カンパニアは、ローマのみならずカルタゴとも通商上密接な関係にあり、物品の生産・取引の点でもローマと競争していたばかりか、商品の最大の販路カルタゴが敗れては、という念もこの地には強くみられたのである。

ローマ軍敗北の知らせを受けてカプア（カンパニアの首邑）の行政上の長、パクウィウス

＝カラウィウスが全カンパニアの町の正式の長としてすこぶる目立った動きをみせている。カプアの元老院で彼はいう。「民衆が今こそ立ち上がり、元老院議員は虐殺されてしまうだろう。だから自分に全権を委ねるのが良いのだ。ただ自分だけが民衆を統御できるのだから」。そこで、カプアのみならず、カンパニアをひっくるめてハンニバルに移れる、好機をつかむために、それを引き延ばしているのだ、というのであった。

トラシメヌス湖畔の勝利は、このようにはるかカンパニアをも揺り動かしていたのである。それもひとえにハンニバルの親イタリア政策と対応するものであった。

ところで、この勝利後、なぜ彼はローマを衝《つ》かなかったのか。なん日か進軍すれば、エトルリアを通って、ティベル河沿いにローマに現われることもできたのである。将校団とりわけ騎兵隊指揮官のマハルバルは、このことを進言している。しかしローマを急襲することは、相変わらず一か八《ばち》かの冒険であり、だれもこの町を一撃で占領できるとは思っていなかった。ハンニバルとしては、そのような作戦が成功するか否かは、懸《か》かってイタリアの諸都市の向背《こうはい》にあると信じていたのである。さればこそ、ローマなど衝かず、親イタリア的な姿勢を堅持してゆくのであった。

局面の変化

六月末、楯も持たない兵士――まことに不名誉なことだった――が命からがらローマに到着し、人はようやく敗北、執政官の戦死を知った。

民衆は続々と広場に集まってくる。夫を戦場に送り出した女たちの叫び声は広場を圧した。独裁官にクイントゥス＝ファビウス＝マクシムスを選んだ。もう一人の生き残りの執政官はその指揮下にはいり、独裁官副官‐騎兵長官にマルクス＝ミヌキウス＝ルフスを選んだが、ファビウスの用意周到さあるいは遷延《せんえん》作戦にはミヌキウスはいつも反対してゆくのであった。それでもファビウスとしては、ハンニバルが広大な地盤を鞏固《きょうこ》なものとすることができなければ、敵地で大軍を保持することは不可能である、とみていた。ともかく決戦を避けて持久戦に持ちこもうとしたのである。どうしてもハンニバルに委《ゆだ》ねることになる土地は、撤退前に荒らしておく。この焦土《しょうど》作戦が、実はこの後何世紀にもわたるイタリア農業およびイタリア社会の大問題になるのであった。

ファビウスは新たに二箇《こ》軍団をつくり上げ、別の執政官の二箇軍団と共に、カルタゴ軍の攻撃に対してエトルリアおよびローマ防衛に当たらせた。一方ハンニバルは、ともかく懸命にイタリア住民の保護策を展開してゆく。

さらにカルタゴ艦隊がイタリア水域で活躍している。実は、イタリア侵入以前に「リビュア・スペインの将軍」としてのハンニバルとカルタゴ元老院との間に全プランの同意が成っており、それにもとづく作戦であった。しかし結局は、北スペインへのローマ軍の輸送は阻止できなかった。

ヒエロン二世

またカルタゴ軍はサルディニア侵入も企てた。サルディニアの一領主との同盟のもと、かつてのカルタゴのサルディニア支配の再建を狙ったが、ローマの執政官に阻止されている。海上支配権がローマのものだったからである。一方、すでにみたようにシラクサのヒエロン二世は親ローマ・反カルタゴ的姿勢を堅持して、ローマを援助するために海路クレタの弓兵を送っていた。また彼はローマの元老院に警告を発してアフリカ作戦の展開を勧めているが、ローマ軍がシシリーから北アフリカへの上陸作戦を止めたのは、ひとえに、ファビウスの遷延《せんえん》作戦によるのであった。

南方、カンパニアに

ところで、ハンニバルの動きはどうであったか。彼の狙いはカンパニアにあったのである。それは、カプアの長官がローマからの分離を準備していたことと結び付くが、この地方が肥沃で、しかもカルタゴと連絡できる立派な港が多かったからである。問題は、人に気づかれずに南方に兵を移動させることにあった。迂回《うかい》作戦をとらねばならない。エトルリアを抜けて東方に進路をとる。反ローマ的立場のエトルリア上流層には歓迎されたが、ケルト人、ハンニバル軍中のケルト人は、前二二五年以降のケルト戦争のため、エトルリアでは憎悪の目でみられていたし、必ずしもすべてが門戸をひらくとはいえなかった。というより、やはりハンニバルには全般的にみてネガティヴな姿勢をみせた。

さらにピケヌムにはいったが、ここには戦争捕虜としてフラミニウス（トラシメヌスで戦死）によって連れてこられたセノネス族の人が沢山いた。彼らはこぞって、ハンニバルを解放者として迎えた。彼はこの地で十分に休養をとり、とくに歩兵の戦闘力を大いに高め、騎馬の補充をした。リビュア人の部隊を、分捕《ぶんど》ったローマの武器で装備し直し、ローマの正規軍団の戦闘方法の長所の摂取に努めた、といわれるが、歩兵五万、それに騎兵一万を数えることになった。

アドリア海岸を南下するハンニバルは、ハドリアから船でカルタゴ本国に報告を送った。戦争勃発《ぼっぱつ》以来はじめて、本国政府と直接に交渉でき、緊密な関係が生まれたのである。これはまことに重要なことであった。本国からの後詰めは望めないにしても、前二一八年秋以降の孤立状態から脱することはできたわけである。

決戦への道

七月後半、ハンニバルは北アプリアにはいった。ここはもう南イタリアである。気候・作物が、南方育ちのスペイン人やリビュア人にもなじみのあるものだったし、北のケルト人に比べて、このサムニウム地方の人たちは古くからローマ人の敵だったのである。しかもあのピュロスとの戦いから六十年しかたっていないし、ローマの力の浸透度の弱い地方でもある。ラテン植民市が一、二あるにすぎない。以上の点からハンニバルが、この地方の人に、ローマに対して闘うよう呼びかけたのも当然であったといえよう。

しかもブルンディシウムへの道（これは東方への道でもある）、あるいはシシリーへの道が通っており、この地方を押さえれば、ローマの南方への道を塞ぐだけでなく、東西の地中海世界各地と結ぶことができる。この地にしっかと根をおろし、支持者をつかめば、と思ったことであろう。さればこそ、土足でもって南イタリアにはいりこむことはしなかった。初夏から晩秋にかけて、中部イタリアと南イタリアの中間地帯に留まっていた。次いで移動に当たっても、いかに細心の注意を払ったことか。きたるべき冬のための糧秣《りょうまつ》の補給の配慮に当たり、できるだけ「ローマ領やラテン植民市、ある意味では移住者の地帯」から物資を調達し、どんなに豊かであっても古い土着の住民の領域には足を踏み入れていない。

一方、ローマ軍はどうであったか。ファビウスが指揮をとることにより作戦が変わっていたのである。ローマ軍が厳然と存在することを同盟者たちに示すこと、そのためには敵を戦場にひっぱり出さないこと――それは大体において成功したが、次のようなこともあった。

奸計に乗せて

優れていることを示したのである。

ところはカッリクラ峠。ここでファビウスはカンパニアから北に向かうハンニバルの退路を遮断《しゃだん》しようとした。だがハンニバルは、みごと独裁官ファビウスよりも将軍としての才の優れていることを示したのである。

二千頭の牛をうまくつかったのである。夜、牛の角に松明《たいまつ》を結び付ける。そして軽装兵にひっぱらせて、これを高みに登らせる。松明に火をつける。今まさに夜陰に乗じて軍隊が撤退してゆくようにみせた。これをみたローマ軍は、道を塞いでも駄目だと思って撤収する。今は、北への道はがら空きとなり、悠々《ゆうゆう》とハンニバルは立ち去った。そして北アプリアのゲルニウム付近に冬の陣を張ることになる。この挿話に関しては、角に松明をつけて、夜襲させた、という史料もあるが、それはどうでもよかろう。

いずれにせよローマでは、なんとぶざまなこと、と非難の声があがった。ハンニバルは、思う存分アプリアおよびカンパニアで物資を徴発してゆく。ファビウスの消極作戦にはますます批判が集中する。そこで元老院は副将ミヌキウスにも指揮権を与えることを決議した。彼は小戦闘で勝利を収めたものの、大局的には変化なかった。すべては翌年に持ちこされる。それはハンニバルにとっても同じであった。

彼は相変わらず、南イタリアに次の作戦の基盤をつくり上げようとして懸命に努めた。土地のものと密接な関係を築こうとする。秋から冬にかけて、村や部落に人を派遣し、偵察させる。しかし誰もあえて公然とハンニバルに与しようとはしない。彼の優位がいつまで続くか、やはりその点が不安だったのであろう。

南イタリアの戦局の成り行きに関しては、カルタゴでも固唾《かたず》を呑んで見守っていた。もちろんハンニバルの捷報《しょうほう》は熱狂的に迎えられた。というのは、スペインでのハスドルバルの作戦がうまく展開していなかったからである。北スペイン奪回もうまくゆかず、というよりプブリウス＝スキピオの率いるローマ軍が、前二一七年秋には艦隊とくにマッシリア艦隊の援助も得て、エブロを越えサグントゥムにまで進撃していたのである。

それどころではない。海上支配権の優位、拠点の確保により、ローマ側としてはカルタゴの海上作戦を阻止することが可能だったのである。とりわけシシリーからたえずアフリカ海岸に向けて小規模な略奪作戦を展開することができた。ハンニバルなくしては、カルタゴとしては戦争は敗れたも同様であった。ハンニバルただ一人——そういった気持が、ますますカルタゴ本国の人たちの間に強くなっていった。

両軍対峙す

前二一七年から翌年にかけての冬。ローマ軍は兵員および物資の充実に努め、八箇軍団、同盟市の兵と騎兵を合わせて総勢八万を数えるほどにふくれ上がっていた。未曾有《みぞう》の数である。将軍には二一九年にイリュリアで軍功をたてた新執政官ルキウス＝アエミリウス＝パウルスと、前年の執政官セルウィリウス＝ゲミヌスと前の騎兵長官ミヌキウスがいた。もっともいま一人の執政官マルクス＝テレンティウス＝ウァロは功名心にかられた人物で、軍事的な経験も乏しかった。

ローマ軍は今や防戦用の部隊でなく、野戦で敵を殲滅《せんめつ》すべき攻撃的性格のものになっていた。彼らが勝利を確信していたとしても、それも理由のないことではなかった。ハンニバルは訓練および小戦闘で個々の兵士の戦闘力増強に力を尽くしたが、それは冬の間、兵力を新たに補充することができなかったからである。数からみて五万程度。ローマ軍にはるかに劣っていた。ただ騎兵は、ローマ軍の六千に対して一万を数えていた。

冬中、両軍はゲルニウムの近くの陣営にはいってにらみ合っていた。二一六年春。新しく召集された兵士が続々とローマ軍の陣営に到着しはじめる。ハンニバルは、ローマ軍の集結を待たなかった。山岳地帯で戦うのは、騎兵隊に主眼をおく自分としては不利だとみてとった彼は、南東、アプリア平原の端アウフィドゥス（今のオファント）河まで五日間行軍する。ローマの物資貯蔵地カンナエを奪取した。ローマ軍は新しい戦役のための物資を貯えていたのである。次いでその南、河の右岸に陣を布いた。

一方、ローマ軍はその後を追う。二日程行軍してアルピからカンナエに着いた。カンナエの下流の方、アウフィドゥスの左岸に陣を布いた。いつものように土塁《どるい》と柵で陣地を固めた。カルタゴ陣との距離は四ないし五キロ。どうしても衝突必至の間隔である。どちらが仕掛けるかが問題であった。ローマ軍は第二の小陣営を右岸にもすえた。敵の動きをことごとく両岸で阻止できると思ったのである。古代においては今より上流まで舟行でき、アウフィドゥスはカンナエのあたりでも海との連絡が可能だったのである。

ハンニバルの率いるケルト人は二万、士気は必ずしも高くない。それにスペインの重装歩兵五千とリビュア－フェニキア人の重装歩兵七千が加わる。のちにローマ人のいうところでは、「彼はこの軍勢を、あのトラシメヌス湖畔の戦いで分捕ったもので装備させている」と。さらに八千の軽装歩兵——バレアレス人、リグリア人、ケルト人から成る——がいたが、中核を構成するのは一万の重装および軽装の騎兵であった。

ハンニバルは、弱体の兵力でもって行なわれる普通の戦闘方法を無視し、攻撃に出ることに決めていた。

二日間、両軍は対峙する。ローマ軍の軍会ではウァロが、相変わらずパウルスとゲミヌスに、戦闘を避けるよう忠告されていた。

カンナエの決戦

三日目。八月二日。執政官が毎日交替で最高指揮権をにぎるローマ軍では、ウァロが再び指揮権をにぎった。戦闘を決する。ヌミディア人の斥候《せっこう》が、左岸のローマ陣を見張っていたが、疾駆《しっく》して帰り、報告する。ローマの将軍の天幕に赤いマントが上がった、戦闘準備の命令の印だ、と。夏で水かさの減ったアウフィドゥスを渡って右岸を進撃、カルタゴ軍をできるだけ陣営からおびき出す、という狙いにみえた。

ハンニバルは軽装兵に命令を下す。河を渡れ、と。従者をつれて馬に乗り、右岸に赴く。そこで町の近くの小さな丘の上で停止。

ローマ軍は普通三列の陣形をとるが、第一列、できれば第二列も、剣での接近戦の前に、飛び道具を一撃投射できるということが大事であった。だがウァロはちがったことを目論《もくろ》んでいたらしい。中央部の打撃力を強めるために、そしてまた正規軍団兵の大軍を接近戦への突撃にうまく生かすために、正面の幅をせばめ、中隊をそれぞれ十二人の厚さ（普通は六人）で進ませることにした。カルタゴ軍の中央部をこの圧力で粉砕してしまえば、あのトレビアでみられたような策略に富んだ側面作戦、または包囲作戦を間に合わなくさせてしまえる、とみたのである。

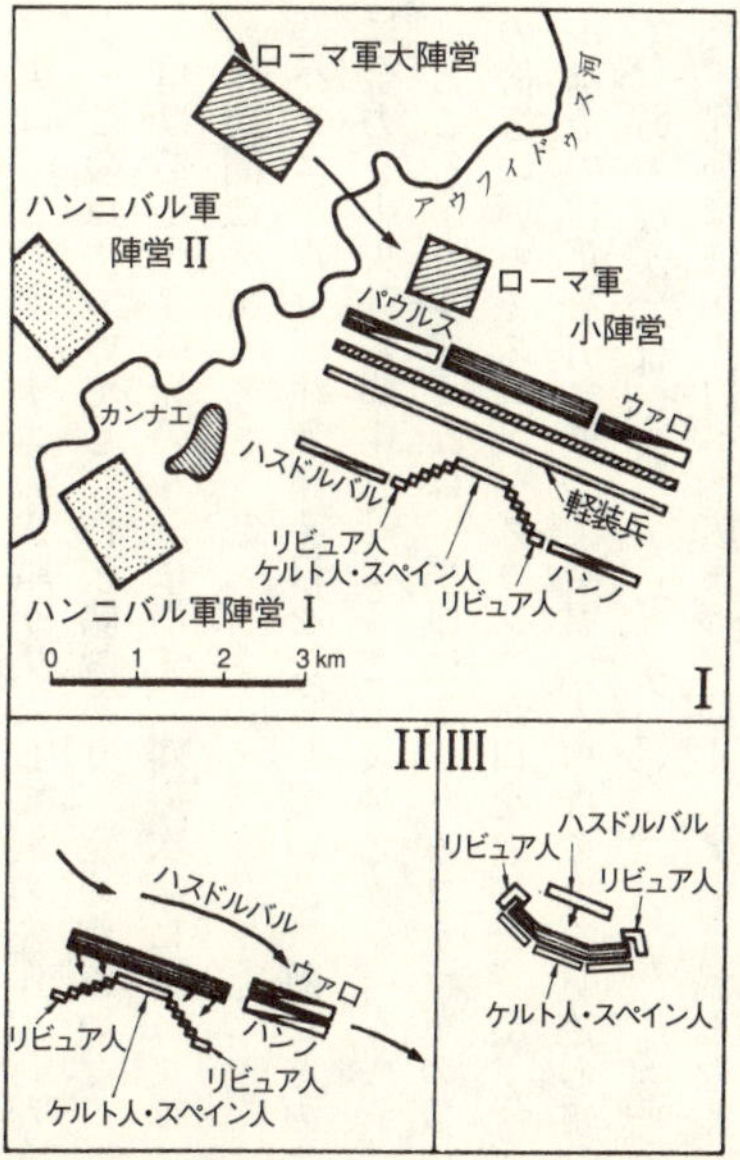

カンナエの戦い布陣図（クロマイヤーによる）

実は、このカンナエの決戦が果たして河の左岸で行なわれたのか、あるいは右岸だったのか、この点についても、古来諸説あり、定めがたい。

星はあかつきの光のなかに消え、霧も次第に薄れてゆく。甲冑《かっちゅう》がきらきらと光り、馬の足ぶみが聞こえてくる。

ハンニバルは、注意深く目をこらしていた。敵がどのような戦線を展開するか、敵がいかに全力を中央部に集中させようとしているか。

ところがカルタゴ兵は、平原にあふれるローマ軍の数の多さにおじけづいた。ハンニバルの傍らにいたギスコ（ゲスコン）が口をきった。「なんと、敵の数の多いことか」。ハンニバルはその言葉を引き取って「君は大事なことを見逃しているぞ。あれほど沢山の人がいたって、あのなかにはギスコという人はいないのだ」と語った。周囲の連中もどっと大笑いした。冗談は口から口へと広まってゆく。笑いは渦となってゆき、兵士たちも心のしこりがとれ、勇気がじわじわと湧き上がってくるのを感じた。

ハンニバルの頭のなかに、この日の戦闘プランが固まる。ヘレニズム世界の軍事書に習熟していた彼である。〝斜線陣〟をとったのである。翼に重点をおく作戦であった。テーベのエパミノンダスがスパルタ軍を破り、アレクサンドロスがガウガメラでペルシア軍を破った戦術である。二つの強力な翼があって、中央が持ちこたえれば、敵を包囲することができるのであった。

ハンニバルは、すでにトレビアで試みた戦術とは逆の形をとった。つまり全軍右岸を進ませ、ケルト人とスペイン人から成る中央部を半月状に突出させた。この三日月状の陣形の翼部は、うしろの方に階段をつくるような形となっていた。そのはるか後方に、それぞれ三千五百のリビュア＝フェニキア人の重装歩兵がすえられる。騎兵は外側の翼、つまり、右翼はハンノ＝ボミルカルの率いるヌミディア人、左翼はハスドルバルの率いるスペイン人から成っていた。一方、ハンニバルは中央にあった。

ローマ軍は左岸の本陣および右岸の第二の陣営に一万の兵を残した。

カルタゴ側がローマ軍の進撃を待ちかまえる。アウフィドゥスを渡ったのち、ローマ軍は隊形の立て直しに時間がかかる。だが正規軍団兵が進んでくる。前面に軽装歩兵、翼に騎兵をすえて。前執政官が馬に乗って中央部に、ウァロは左翼を、パウルスは右翼を指揮する。

軽装兵が雲を払うように戦場から消えると、正規軍団が近寄る。歩みを速め、ひたひたと押し寄せる。ハンニバルの予想したように、飛び道具（槍）を投げかけるが、大部分が空《くう》を切る。次いで軍団兵の突撃。半月形に突出したケルト・スペイン歩兵めがけて激しく襲いかかる。闘いつつ、じりじりと後退させられる。しかし決して逃げ出さない。半月形しかも階段状にカルタゴ側が布陣していたので、ローマの戦闘ラインはばらばらになる。すべてが中央部に集中する。叫び声があがり、塵埃が舞い、押し合いへし合いとなる。カルタゴ軍の半月は、次第におしつぶされてゆく。それでも中央突破は成りそうにない。

カンナエの戦いの碑

この間、翼部では運命の神は、カルタゴ側にほほえむ。左翼のハスドルバルとパウルスの闘いはハスドルバルの勝ちとなり、右翼のヌミディア騎兵をも援けることができた。ここでは、ローマの同盟騎兵を破る。ハンニバルの二人の騎兵指揮官ハンノとハスドルバルは、ローマの重装歩兵の背後に廻ることができた。

だが一瞬。中央部の運命の針は傾いたかにみえた。ケルト人部隊は持ちこたえきれず、剣も楯も投げ出し、逃げ出そうとする。しかし、ハンニバルは、ようやく戦線を再び締め、整えた。ローマ軍の中央突破は、結局成らない。ときはきた。ハンニバルは、両翼の騎兵を自由にすべきときがきたとみてとる。ヘレニズム・カルタゴ型密集方陣が迫ってくる。ばらばらになったローマの正規軍団の、その翼に攻撃の矢が突きささる。ウァロはひどく傷ついたが、ようやく馬に乗り直せた。だがパウルスは倒れる。そして、今こそローマ軍の背後にカルタゴ騎兵が現われ、完全に包囲される。あとは、あくなき殺戮《さつりく》が続く。

戦い済んで

暑い夏の日も暮れ、太陽も西に沈むころ、戦場を埋めていたのは、ローマ兵の死体であった。その数五万、元老院議員も八十人を数えたという。ウァロは辛《かろ》うじて五十騎の騎兵に守られて、ウェヌシアに向かって戦場を離脱した。戦闘の終わったこの夜、イタリア全土にもうローマ兵の影は全くなかった、といってよかろう。

完璧な勝利であった。歴史上類例のない、野戦での完璧な包囲戦であった。幾世紀にもわたり、そして殲滅戦の典型として称讃されてゆく。クラウゼヴィッツはいう、「兵力的に弱体の方にとって、集中攻撃はふさわしくない」と。またナポレオンは説く、「兵力的に弱体の方は、両翼同時に包囲を試みてはならない」と。プロイセンの将軍シュリーフェンは、第一次世界大戦前、カンナエの決戦の研究に身を捧げている。フランス軍に対する自分の包囲作戦が、成功の見通しのあることを示そうとして。

ハンニバル側の戦死者は五千にすぎず、ほとんどが中央部のケルト人であった。アウフィドゥス左岸のカルタゴ軍陣営を奪取しようとしたローマ部隊の試みも空《むな》しかった。またローマ軍の陣営に残された数千の人たちも降伏した。

ハンニバルの大胆な賭けは勝ったのである。ローマの市民軍団は壊滅してしまったのである。

しかし、本当にハンニバルは「戦争」に勝ったのであろうか。

Ⅳ　戦局の転換

1　カンパニアを舞台に

なぜローマを衝かないのか

八月二日の夜、ハンニバル麾下《きか》の指揮官たちは、口々に言い張った。

「ローマに進軍すべきである」と。

カルタゴの五段櫂船《かいせん》の船首を取り戻したかったのである。四十四年前、ミュラエの海戦でローマ軍に敗れた後、ローマの広場《フォルム》の演壇がこの船首によって作られていたからである。

進軍を最も強く主張したのは、騎兵隊長マハルバルであった。だがハンニバルは首肯《しゅこう》しなかった。そこでマハルバルは次のような言葉を吐いた、といわれている。

「ハンニバルよ。貴方は勝つすべは知っている。だが、勝利の果実を刈り取ることはできないのだ」と。マハルバルが、この後われわれの史料から姿を消すが、それはなぜか。謎として残ることはたしかである。

それでもハンニバルは、この主張をどうしても斥《しりぞ》けた。はっきりした根拠があったのである。つまりローマ攻撃など考えてもいなかったのである。なんといってもローマは鞏固《きょうこ》で大きな砦であり、しかもラティウムや南イタリアの町々もしっかりしている。奇襲作戦でローマが落ちるとは考えられないし、攻囲戦の見通しもたたない。ともかく敵の砦にぐるりと取り囲まれ、補給路も完全でないカルタゴ軍が、ローマに対して長期にわたる作戦を展開することなどできそうにない。そんなことをすれば、現在の優位を自らうちこわすことになる。ハンニバルの見通しは以上であった。そのことを彼は冷静な判断力にもとづいて、現実に示したのである。

勝利の波紋は地中海世界全体に大きく広がってゆく。とくにギリシアからセレウコス家のシリアに至るヘレニズム世界に対する影響は甚大であり、マケドニアのフィリッポス五世の姿がにわかに浮かび上がってくることもたしかであった。そういったことをふまえて、ハンニバルは次のような手を打った。

不退転の決意

カンナエから逃れ帰った執政官ウァロは、「祖国に絶望しなかった」として恭《うやうや》しくローマ市民に迎え入れられた。ローマは不屈の闘志をみせていたのである。泣き悲しむことは禁ぜられ、流言蜚語《りゅうげんひご》は取り締まられ、だれも町を去ることは許されなかった。

一方ハンニバルは、ローマの捕虜の代表と一緒に、腹心《ふくしん》の貴族・騎兵隊長カルタロをローマに送った。狙いは老ファビウスにあった。

もちろん形式的にはカンナエのローマ捕虜の返還——解放金とひきかえに——交渉のためであった。もっともローマの同盟の捕虜は、戦後直ちに故郷に帰してあったのである。この交渉の背後には、カルタゴ貴族とローマ貴族の古くからの深い関係が存在したのである。ハンニバルには、両都市国家の関係を正常に戻したいという気持があった。カルタロは、第一次ポエニ戦争のときローマの捕虜となり、ローマでファビウス家の客人の地位にあったのである。彼が和平の可能性の打診のために遣《つか》わされたのは、この点をふまえてのことだった。ハンニバルは、ローマをぶちのめすことなど考えてもおらず、イタリアの占領すら考えていなかった。これまでの作戦は、交渉のために有利な条件を獲得するためのものであった。そして今この勝利によって、ローマの各階層に戦争を止める気持をうえつけた、と思ったのであろう。

しかしファビウス＝マクシムスが、国家の栄誉を護持すべきことを強調したため、クーマエにシビュラの託宣を得るために人が遣わされ、神を宥《なだ》めるのに犠牲が捧げられた。その上で、兵力の増強措置——負債者・罪人の解放、さらに奴隷も——が講ぜられる。いやそればかりでない、前年のトラシメヌス湖畔の敗戦後と同じく、執政官の一人が斃《たお》れたため独裁官が任命された。またオスティア艦隊のための一箇軍団がローマに呼びよせられ、指揮官「ローマの剣」と謳《うた》われたマルクス＝クラウディウス＝マルケッルスが、この部隊とカンナエの残兵を率いて、ラティウムとカンパニアの境カヌシウムでローマ防衛を引き受けていた。

カルタロは冷たくあしらわれ、和平は問題とならなかった。捕虜返還も拒絶される。大敗北にもかかわらず、ローマは海を掌握し、スペインの戦いも順調にいっていたからである。ハンニバルがローマを攻め、これを防衛一方に追いやっても、ローマ側としては結局他の戦場で再び攻勢に出ることは、決して不可能ではなかったのである。

カプアとの同盟条約

ハンニバルは、前年と同じように、捕虜になったローマの同盟者を自由にし、ローマの桎《しっ》梏《こく》から解放するという年来の主張を明らかにした。しかも今回ははっきりした事実の裏づけがあった。ハンノに一部隊を授けて、南方、ルカニアおよびブルッティウムに派遣し、自分はカンナエから北アプリア、次いで南サムニウムを経てカンパニアにはいった。ここでじっくり地盤を固めてゆく。これらの地帯、つまり北アプリア・南サムニウム・カンパニアの諸都市が、彼に与《くみ》していった。そのなかで最も重要な町が、カンパニアの首邑カプアである。産業の中心、富の点でローマを凌駕《りょうが》していた町であり、つとにこの町の長、民衆派のリーダー、パクウィウス＝カラウィウスは親カルタゴ的立場を明らかにしていたのである。

前二一六年の秋から冬にかけて、ハンニバルはカプアと同盟条約を結んでいる。リウィウ

カプアのハンニバル（15世紀のミニアチュール）
右側では，富裕なカプアの貴族パクウィウス＝カラウィウスがローマと手を切ってハンニバルと結ぶ宴が行なわれ，左側奥では，ローマとの同盟保持のためハンニバル暗殺を図る彼の息子がいる。

スの伝えるところである。完全な同権、カプアの自主独立性を保証するものであった。三百人のローマの捕虜をカプアに引き渡すことによって、カンパニアの騎士のローマの軍務からの解放を可能にした（→あらゆる軍事負担からの解放）。なおこれと並んで、ほかにも一、二の都市と同様の条約が結ばれている。

カプアとしては、古《いにしえ》の繁栄を取り戻せるという希望を抱いたことであろう。カプアを握っていたのは商人層であって、彼らにも大いに利するところがあった。しかし、それ以上にハンニバルにプラスするものがあったのである。それでもカプアを喪失してもローマがびくともしなかったのはなぜか。それは南イタリアの諸都市が陸続《りくぞく》としてハンニバルに与していったとはいいきれないからである。軍事上の要衝に当たる都市の大多数は、傍観者的な態度をとった。そして、彼に門戸をとざしていた。とくにラテン市がローマに忠誠を守り、ネアポリスなどのギリシア都市が然《しか》りであった。カプア、あるいはアルピのような町でも、親カルタゴ派は、ハンニバルの絶大なあとおしで辛《かろ》うじて気息を保っていたにすぎない。

全地中海的なプラン

一方、ハンニバルも決して幻想など抱かなかった。勝利を本物にして、その成果を持続させるためには別の手を打たねばならなかった。それは、この戦争が始まって以来、イタリア、スペイン、海上でそれぞれ作戦を展開してきたが、その間に有機的な関連のなかったこと――もしもそれができていたら、というのであった。実は、今ハンニバルはカルタゴ本国と直接連絡がとれるようになっていた。カンナエの勝利後、和平の試みは失敗したが、弟マゴを本国に送っていたのである。これは単なる勝利の報告に留まるものではない、と推定する学者がいる。カルタゴ元老院を動かすものだった。史料的には、カンナエで倒れたローマ騎士の黄金の指輪を集めてマゴに持たせ、これが元老院の心を動かしたという挿話が伝えられているが、この話は後の創作であろう。問題は、弟マゴが、前二一八年以降常にハンニバルと行動を共にし、彼の絶大な信頼をかちえていた人物であったことにある。あらゆるプランの相談にあずからせてきた弟を送ったこと、やはりここにはハンニバルの意図をはっきり伝えるという意味があった、と解される。

では、それに対して本国側はどういう手を打ったか。はじめて大規模に、手もとのものを戦争のために動かそうとしたのである。スペインのハスドルバル支援のため、一万二千の歩兵、千五百の騎兵を率いたマゴを送り出すこと、いやそればかりでない、ほぼ同数の部隊をサルディニア占領のために準備し、さらにハンニバルのためには、数量は大とはいえないが、ともかく騎兵、戦象、金銭（傭兵募集のため）を用意することを決めたのである。

スキピオ兄弟がエブロの南で力をのばしつつあったため、スペインの豊かな銀山地帯を確保するのにどうしても救援部隊が必要であり、また地中海の海上支配権の回復のためにはサルディニア占領の意義も大きかった。とくにサルディニアの領主の反ローマ闘争を助け、海つまりスペインへの道を確保すること、いやスペインのローマ軍への補給路をおさえることが必要だったのである。

さらにシシリーに目を転ずると、当時はハンニバルの代理が活躍していたし——もちろんシラクサの宮廷で——、ゲロンがカルタゴ側に鞍がえする気持を持っていたとすれば、カルタゴ側もはっきりした構想を打ち出せたのではなかろうか。

以上のすべてをひっくるめた作戦、つまり包囲網が完成すれば、北スペインからポー河まで、さらにサルディニア、シシリーからカンパニア、アプリアまでの広い地域が、カルタゴおよびその同盟者の攻撃で裸になる。ハンニバルは、孤立から解放されるどころか、中部イタリアの敵の中枢部まで衝けることになる。

をしていた。

まことに雄大なプランといわねばなるまい。個々の戦闘で積み重ねてきた包囲プランが、もっとはるかに大規模なもの、つまり全地中海的なスケールのものになっていたのである。ところがハンニバルおよびカルタゴの政府当局は、現実の力関係に関して大きな見落としをしていた。

サルディニア作戦は失敗に終わり、スペインでのハスドルバルの最後の大攻勢も失敗した。このエブロ・サグントゥム間の海岸地帯でのカルタゴ軍の敗北は、ローマ軍をスペインから追い払う見通しを全くなくさせ、カルタゴ軍は守勢にと追いつめられてゆく。結局、ハンニバルのイタリア作戦にすべてを託さなければならなくなったのである。

イタリア作戦

すくなくとも前二一五年はじめまでは、カンナエの決戦の影響が強く尾を引いていた。南方のハンノの作戦がとくに然《しか》りであり、ルカニアおよびブルッティウムではすべてがうまくゆき、この地方の住民の多くがハンニバルに味方してゆく。大体がローマとの結び付きの緩《ゆる》い地帯で、抵抗も局地的だったのである。

この成功の持つ意味は大きかった。豊かな富などありえない地帯であり、必ずしもルカニアの住民は信頼できるとはいえなかったが、牧人や農民の多くが傭兵としてカルタゴ軍で奉仕することになり、兵力も増強できた。とりわけブルッティウム南部の港町ロクリとクロトンの掌握は、カルタゴとの海上連絡を可能にさせた。夏には、カルタゴの艦隊司令ボミルカルが、ハンニバルのために四千のヌミディア騎兵、四十頭の象、金銭などをロクリに上陸させた。

もっとも決定的な戦いは、はるか北の方で行なわれる。中部イタリアと南イタリアの境界地帯である。

カンパニアの地をめぐって

今はポエニ戦争の主舞台は、カンパニアであった。ハンニバルが前二一六年秋から翌年晩夏までこの地にあったこと自体、カンパニアの重要さを示すものではなかろうか。土地も肥沃で、人も多く、そればかりか地理的にみても軍事上の要衝に当たる。南方と中部イタリアの接点だったのである。

カプアを掌中にしてはいたが、これだけではどうにもならない。全土を制圧せんものと南方のヌケリアまで作戦を展開する。そして二一五年春には、長い包囲戦の末、ウォルトゥルヌス河畔のカシリヌムまで陥れる。ローマの守備隊が都市住民を斬殺して、河の右岸の砦となった都市部分に撤退した後の包囲戦であった。身代金と引き換えにローマ人を許したことが伝えられている。この町はローマ領アゲル－ファレルヌスに対して、さらにまたカプアのためにも重要であった。

しかしクーマエからネアポリスまでの港町は、すべてハンニバルに門戸をとざしていたし、カンパニア南東の要衝ノラ占領も失敗した。将軍マルケッルスが救援に馳《は》せ参《さん》じ、町の親カルタゴ的分子――その長は、ハンニバルがカンナエで捕虜にしたが、故郷に帰した人物――をおさえつけ、味方にしたからであった。マルケッルスは厳しい姿勢を示した。ハンニバルに与しようとした七十名が首をはねられた。ローマはこれを内乱とみたのである。ハンニバルも自分の軍勢を率いて直接ノラを攻めたてることはできなかった。マルケッルスが野戦を避けたからである。ハンニバルも城壁に向かって攻撃をしかけられない。マルケッルスは絶妙な作戦でハンニバル軍を打ち破り、これを追い払った。ノラの抵抗をのちのローマ史家は絶讃するが、明らかにこれでもって、ローマ側が南サムニウムとカンパニア・ルカニア境界地帯をとざすことができたし、したがってヌケリアのようにハンニバルに移っていたノラの南東の町は、長く持ちこたえられず、住民もローマの復讐を恐れて町から出ていった。

二一五年晩夏。ハンニバルはカンパニアからアプリアに向かう。狙いは冬の陣のためと思われる。カプアの制圧している地帯は、まわりをぐるりと敵の拠点で取り囲まれ、ウォルトゥルヌス河のかなたにはローマの正規軍があり、クーマエ、プテオリ、ネアポリスは海への出口を、ノラは南方への道を遮断《しゃだん》していたからである。

さりとてアプリアやサムニウムでも事態の進展は遅々《ちち》たるものがあった。北アプリアの支配領域は相変わらず北はラテン市ルケリア、南はアウフィドゥス河で限られており、南サムニウムはアプリア・ルカニア・カンパニアを結ぶ要《かなめ》の地であったのに、ラテン市ベネウェントゥムが厳として控《ひか》えており、このベネウェントゥムおよびノラからローマ軍が、ハンニバル側の守りの弱い地点を襲っていた。ルカニアは、ハンニバルに味方するか敵するかで割れており、内乱状態にはいってゆく。

このようにみてくると、果たしてハンニバルが南イタリアを押さえていたといえるだろうか。それでも彼は希望を捨てなかった。

この夏の間に、ハンニバルとイタリアの外の二つの国との関係が前面に出てくる。マケドニアとシラクサである。フェニキア人とヘレニズム世界の確執は、古いものがあったが、ハンニバルはことを地中海世界大に捉えていたのである。そこでヘレニズム世界をも利用し尽くそうとするのであった。

2 ヘレニズム世界と

フィリッポス五世と結んで

マケドニアの王フィリッポス五世は二十二歳であった。高潔な心ばえの美青年だったという。ハンニバルと結んでローマに復讐しようとしたのである。マケドニア王に支えられていたファロスのデメトリオスは、上アドリア海沿岸地方からローマ人に追い払われていたが、カンナエの決戦後、イタリアに渡りローマに進撃するというチャンスをつかむべく、フィリッポスにせがんだ。マケドニア軍の威名は轟きわたっていたのである。

王は、前二一五年、アテネの人クセノファネスをハンニバルのもとに遣わす。彼の陣営はカプアにあった。マケドニアの使節は、ローマの海上封鎖網、陸上の戦線を通り抜けねばならなかった。クセノファネスは「自分は王の使節として、ローマの元老院諸賢のもとにゆくのだ」と詐《いつわ》った。

マケドニアの使者は、ハンニバルに恭しく迎え入れられた。ハンニバルは、カルタゴ元老院のお目付けに守られて、本国政府に代わって全権を行使することになった。ここで、ハンニバルとフィリッポス五世との間に同盟条約が結ばれる。

フィリッポス五世

条約の文章は、ポリュビオスとリウィウス双方に残っている。リウィウスの文章が信用できないとされているのに対して、ポリュビオスの掲げているのは、明らかに原文の翻訳であると推定されている。言葉の選択と文法、また形式の点、なによりも他のセム系の文章と比べて、ハンニバルの行なった誓い——カルタゴの神に対する——が、フェニキア語のオリジナルのギリシア語訳とみられるからである。

内容は、端的にいえば、双方ローマに対して一緒に闘い、ローマと同じ和平条約を結ぶべきことを義務づけている、といえよう。

しかし、整理していえば、次の通りであった。

一方には、フィリッポス、マケドニア人およびギリシアの同盟者が位する。今一方には、カルタゴの完全市民、将軍ハンニバルとその軍隊、カルタゴの不完全市民、服属者、ウティカの人、イタリア・ガリア・リグリアの現在および将来のカルタゴの同盟者がすえられる。そして、友好、真正の好意、友誼《ゆうぎ》が求められ、奸計や策略が禁ぜられる。第三者との先行の条約に抵触しない限り、双方の敵に対して敵対関係を保つこと。フィリッポスは、現在の(カルタゴの)ローマに対する戦いに勝つまで助力するが、その援助の範囲は、求めに応じ、将来も同意できる形で。カルタゴが勝利後ローマと結ぶ和平は、フィリッポスに対する和平および攻撃禁止をも含むべきこと。さらにフィリッポスにイリュリア保護の権利を譲ることとファロスのデメトリオスのかつての服属者をこの人に返すこと。この両同盟者に対して、ローマ人あるいはその他の敵が将来攻撃したときは、求めに応じて、相互に援助すべき義務のあること。古い先行の条約のある場合は別。協定の変更は双方の同意を必要とする。

条約の意味するもの

条約はポリュビオスによれば、右のような内容であった。とすれば、相共に、勝利後もローマの存続については考慮するという極めて限定された戦争プランにすぎず、決してローマの壊滅を狙ったものでないことは明らかである。ところがリウィウス系史料は、これが一つの分割条約であったという。つまり相共にパートナーが戦争を遂行して、まずカルタゴによるイタリアの併合、次いでフィリッポスのもとギリシアの平定を行なうというのである。一体、本当にそのようにいえるか。普通、リウィウスのこの記事はカルタゴ、またはマケドニアに対するローマの殲滅《せんめつ》戦を正当づけようとする後世の挿入である、いや後の創作である、とされているようである。

条約の結ばれたことはたしかであるにしても、また条約のイニシアティヴが明らかにマケドニア側にある――前二三〇～二二九年以降、ローマの力がアドリア海を越えてイリュリアにのびており、今ローマの力の弱っているのを利用したいと思ったのも当然である――にしても、ハンニバルとしてはマケドニアの力の増大をあまり快く思わなかったであろうし、そうみると、分割条約でなく、もっと穏やかな条約ととるのが自然であろう。一種の勢力均衡《きんこう》理論に支えられたものとみることも可能であろうか。

実はこの同盟条約は第一次マケドニア戦争（前二一五～二〇五年）の序奏部分に当たり、恐らくフィリッポスも相共にローマに対して勝利を得るまで戦争を行なうと誓ったとみてよい。のちのフォイニケの和（前二〇五年）はハンニバルとの同盟の破れたことを意味する。

しかしフィリッポスは、具体的にどれだけの援助をしたのだろうか、それは明らかに問題であろう。ハンニバルにプラスするところがあったとすれば、それは南イタリアおよびシシリーのギリシア都市に対する影響であろう。東方志向性の強い彼らにとって、ヘレニズム世界の強国が自分たちの利害に関与してくれるということである。一方、フィリッポスにとっては、なによりも自分の目的追求、とりわけイリュリアが問題であったということを忘れてはならないが、それが実はハンニバルに対する間接的な援助ともなったのである。ブルンディシウムのローマ艦隊および部隊は、アポロニア防衛とローマと結んだイリュリア海岸の町防衛のための作戦を展開せねばならず、これまでのようには南アプリアで動けなくなった。したがって、そのためにハンニバルが新しい作戦活動にでることができれば、やはりハンニバルにプラスとなるわけである。

動揺するシラクサ

ヘレニズム世界との関連といえば、ここに浮かび上がってくるのはシシリーであり、とくにシラクサであった。

シシリーはたしかにローマ軍の北アフリカ進撃のための拠点であり、またローマの穀倉としても重要な意味をもっていた。ところが前二一五年、シラクサのヒエロン二世が九十歳（九十二歳という説もある）の高齢で没した。シラクサはローマの盟邦であった。あとを継いだのが孫のヒエロニュモス、すなわち王子ゲロン（死去）とエピルスのピュロス（有名なピュロスもしくはその孫〔同名の人物〕とみる説が対立〕の娘との間に生まれた子である。年は十四ないし十五歳。もちろん後見人がついた。

しかしヒエロニュモスには、母方のピュロスの血が流れていた。夢想的で、現実を実際以上に買いかぶる性質である。彼はハンニバルと同盟を結ぼうとした。そしてアレクサンドリアのプトレマイオス家を、ヘレニズム世界のため、また一面ではローマに対して、動かそうとした。伯父の一人と弟をエジプトに送ったのも、そのためである。もっともエジプト王は、ローマつまり〝ティベル河畔の野蛮人〟と友好関係を結び続けるのを宗《むね》としていた。エジプトはローマに穀物を送り、ローマはその代価を正確に支払っていたからである。

トラシメヌス湖畔の戦い後、ヒエロンの部隊の捕虜を解放し、シラクサと友好的な関係にはいろうとしていたハンニバルは、ヒエロン死去の報を受けるや、自分の将校団にくりいれていたシラクサからの亡命者二人（エピキュデスとヒッポクラテス、アガトクレスのときに亡命した者の孫、兄弟）を密使つまり個人的な使いとして、シラクサに派遣した。新王ヒエロニュモスは、カルタゴとの同盟の利害得失を計算した。ローマに対する戦争への関与の代償として、かつての自分たちのシシリーの領域（ヒメラまで）をすべて認めてもらうことを望んだ。交渉の長、ヒッポクラテスは、王の要求をすべて認めたが、交渉は長びく。うまくゆかないようにみえた。つまりローマの法務官でシシリーの長官アッピウス＝クラウディウス＝プルケル〔第一次ポエニ戦争の結果、シシリーはローマのいわゆる属州になっていたが、その属州のなかでもこのシラクサの独立性は認められていた」に支持された親ローマ派が、条約締結を懸命に阻止した。さらにこの夏の戦争の経過が、ハンニバルの急速な勝利に疑問を投じたので、彼らの警告は若い王にますます大きな影響を与えた。ここでヒッポクラテスは、その才智とエネルギーを傾けてハンニバルのために弁じた。王の信頼をかちえた彼は、ハンニバルの現状をバラ色に描き、王を勇気づけた。

全シシリーがシラクサを見つめていた。シシリーはアフリカと南イタリアの橋であったので、シラクサの向背はどのように高く評価してもしすぎることにはならない。

シラクサとカルタゴとの交渉条件は一歩進み、王が全シシリーを支配すること、しかしカルタゴのイタリア征服に当たり援軍を送ることが約された。かくしてついに二一四年春、同盟は成った。すぐにローマの属州になっていた領域に攻撃がしかけられ、一方、カルタゴは艦隊出帆の準備をしたが、なかなか時間がかかった。

ところが二一四年夏のはじめ、登位以来わずか十三ヵ月で、王はアッピウス゠クラウディウスに代わってシシリーに来島した執政官マルクス゠クラウディウス゠マルケッルスに、レオンティニの野で敗れて斃れ、再び力を盛り返した寡頭政《かとうせい》は、ローマとの古い関係の回復に努めた。ハンニバルの密使二人をもひっくるめ、争闘が続く。しかし十日間の停戦で同盟の更新が論ぜられ、シラクサ側は以前王の下にあった諸都市の支配権を求めたが、それをふまえて、秋にはローマとの条約が成立した。もっともローマで批准されたかどうかは不明。

タレントゥムをねらって

ハンニバルにとっても、またカルタゴにとっても、必ずしもことはうまく回転しているとはいえなかった。スペインでも、イリュリアでもなにも決定的なことは起こらず、かえって、暗い影が蔽《おお》いかぶさってくる。

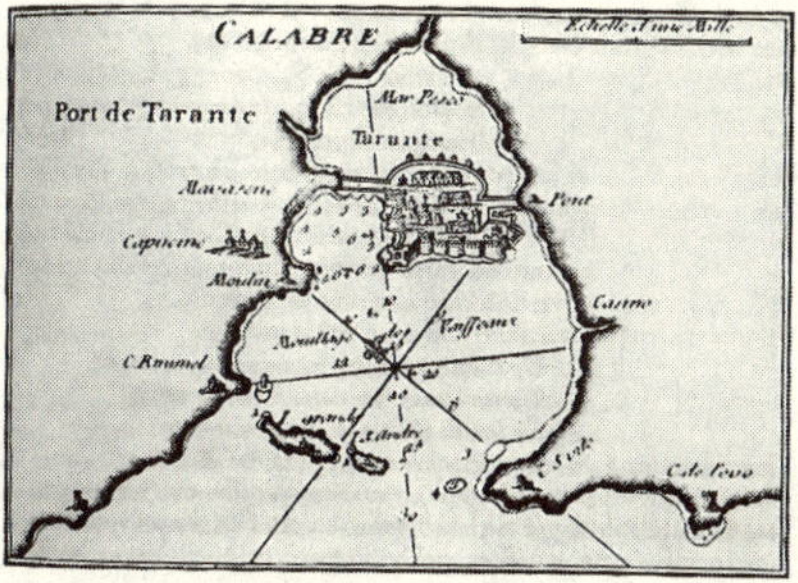

タレントゥム（18世紀の地図）

ハンニバル自身の動きに再びすべてがかかってきそうであった。彼は前二一四年夏はカンパニア作戦に集中する。とくに海岸地帯に。いかにこの作戦を重要視したかは、将軍ハンノに、ブルッティウムで召集した兵を率いて、南からカンパニアに進軍させたことで分かる。ところがベネウエントゥム付近で執政官代理センプロニウス＝グラックスに敗れ、ブルッティウムの召集兵が野戦に適さないことが明らかになり、ルカニアに退かざるをえなかった。ノラ攻撃もうまくいかない。

ハンニバルも作戦を中止し、アプリアに撤退したが、冬の陣営にはいらず、秋にかけて南アプリア——タレントゥムの地——で活躍する。カルタゴ人は、今やアウフィドゥスの流れの南の地にはいったのである。チャンスであった。ヌミディア騎兵は、なにものにも妨害されず、この土地を最南端まで蹂躙《じゅうりん》した。ハンニバル自身もタレントゥム、つまり古い「大ギリシア」の首邑タレントゥムまで達し、この地の若い貴族の一派、つまりローマの経済成長をおそれる親カルタゴ派との結び付きを図った。しかしこの港町にはローマの守備隊もおかれ、老貴族たちはローマとの繋がりを断つことをためらった。あのピュロスのことが心の底に生きていたのである。

サラピアの冬の陣

そこでハンニバルも、前年同様北アプリアのサラピアでこの冬をおくることになった。休養・補給基地としてはまことにかっこうの地だったのである。もっとも彼の思いの中核を占めていたのは、明らかにタレントゥム占領のことであった。

ハンニバルの死後二百年経って、『博物誌』の著者大プリニウスはいう。「サラピアは、この町の娼婦をハンニバルが愛したことで有名になった」と。しかし別の史料によれば、ハンニバルは、戦争中も、またあとでカルタゴの行政長官となっても、横臥して食事することなく、酒も一杯以上は飲まず、捕虜の婦人の間では礼儀正しく、その点、アフリカ生まれの人間ではありえない、と人にいわせたほどである、という。もっとも両者矛盾するわけではなく、情事の記述など、たいしたことではあるまい。さらにはルキアノスの「ハンニバルはカプアで娼婦に首ったけだった」という文章も穿鑿《せんさく》するほどのことはない。

ただサラピアでは貴族が、親ローマ派と親カルタゴ派とに分かれて相争っていたと思われる。のちに前二一〇年親ローマ派の一人が町を再びローマに譲り渡し、その際カルタゴの守備隊つまり五百のヌミディア人が殺されている。これはたしかであるが、ハンニバルと夜をともにした女性のことは、——いやそうかどうかも、全く分からない、ギリシア人の娼婦だったか、あるいは都市貴族の娘だったか。たとい後者であっても、カルタゴ人に対する関係からしてのちにローマ人が淫売婦というレッテルをはるのが、プロパガンダ的にうまくいったのであろう。

実はサラピアに冬の陣を布いた意味は次のところにあった。前二一七年以降全力を尽くして中部イタリアと南部イタリアの中間地帯を押さえ、はるか最南部へ北からローマが攻撃するのを防ぎ、自分としては、ローマあるいは広くラティウムを衝くための根拠地にしようとしたからと思われる。それでは半島の最南部に鋒先《ほこさき》を転じたのはなぜか。それはただカンパニア作戦の不首尾によるのであった。ところが、南アプリアではまだ大きな可能性の余地が残っていたのである。同盟者や軍隊の忠誠心を繋《つな》ぎとめるためにも、それは重要であった。そこでタレントゥムがますます大きくクローズ－アップされてくる。シラクサのみならずイリュリア地方に対する影響を考えても、カンパニアより大きな意味がありそうにみえた。

それというのも、北の方ではハンニバルはじわじわと押されてゆくからであった。二一四年秋には、北カンパニアの拠点、カシリヌムが奪取され、カプアに指呼《しこ》の距離まで敵の力がのびる。さらにまたローマ艦隊は、ブルンディシウムおよびエピルス海岸のアドリア海を封鎖して、東方マケドニアとの連繋を断ち切っていた。年が明ければノラ、プテオリ、カシリヌムから一緒に攻撃に出てくることは明らかであった。それは、ひとえにシシリーの動きにかかっていたのである。

シラクサの攻防

シシリーの目はシラクサにあった。内紛に乗じて、親ローマ的な政府を倒したヒッポクラテスとエピキュデスは、シラクサを押さえた。それに対してローマの将軍マルケッルスは、陸海ともども町を封鎖した。このとき活躍した数学者アルキメデスの見事な機械技術の話は有名である。この人はゲロン家の遠縁だったのである。いかに彼がローマ軍を悩ましたことか。

一方、ボミルカルの指揮するカルタゴ艦隊は、シラクサ海域で作戦を展開し、海からのローマ側の封鎖を阻止していた。ところで、前二一三年春には、カルタゴ軍二万八千（うち騎兵三千）と象十二頭が、ヒミルコ（ヒミルコン）に率いられてシシリーの南岸ヘラクレアーミノアに上陸している。彼の出現は、カルタゴ側の総攻勢、ローマ敗北の印であった。アグリゲントゥムなどの南海岸の町や内陸部の都市が、カルタゴ側の掌中に落ち、ローマ側から脱落してゆく。ヒッポクラテスは、マルケッルスのシラクサ包囲の網の目を突破して、ヒミルコと合体し、新たにシシリーのギリシア都市連合をつくった。次いでローマの包囲網に外から攻撃を加え、一方町ではハンニバルの送ったエピキュデスが守りを指揮する。

タレントゥム奪取

このようにハンニバル自身の指揮していない戦場での勝利――彼としては、はじめて肩の荷をおろしたような感じを覚えた。ローマは援軍をシシリーに送らねばならない。これではイタリアで大作戦は展開できない。

シラクサ攻囲図（18世紀の版画）

ハンニバルは、前二一三年には、カンパニアおよび北アプリアの同盟者をそのままにしておいて、アプリアの南東部に軍隊を集中することができると思った。しかしなかなかそうは計算通りにゆかなかった。新執政官グラックスがルカニアの内紛に干渉し、またルケリアで勝利を収める一方、二一三年秋、アプリアの軍指揮権を父から受けたファビウスは、親ローマの党派仲間の助力でもってアルピを夜襲で奪回している。これはハンニバルにとって明らかにネガティヴな意味を持つものであったが、彼はひそかにタレントゥムに策をめぐらしており、その蒔いた種が実った。つまりタレント湾のサレンティニ族の土地（タレントゥムから三日の行程の地）で二一三年の夏の大部分をすごし、その地方の村々を占領してゆき、晩秋、多分前二一三年から二一二年にかけての冬の間にはじめて、タレントゥムの若い貴族、ニコンとフィロメロスとともに練ったローマの守備隊奇襲のプランにもとづいて、守備隊の指揮官を欺いて夜襲で町を占領し、ローマの守備隊の守っていた城砦《じょうさい》まで奪取した。

タレントゥムがハンニバルの手に落ちたことは、ルカニア人にも大きな影響を与え、「ルカニア同盟」もカルタゴ側に鞍がえすることに決めた。ハンノ＝ボミルカルとマゴが、イオニア海沿岸のギリシア都市、つまりメタポントゥム、ヘラクレア、トゥリイを奪取し、さらに前執政官グラックスも、マゴに、ヘルドニアエで罠にかけられ、このハンニバルの仇敵《きゅうてき》も、戦場の露と消えた。

二一二年夏のはじめ。南イタリアにおけるハンニバルの力は最大のものになった。ブルッティウムのみならずルカニアとアプリアの大部分が彼の掌中にはいったのである。

一方、ローマでも人心は動揺する。兵士の召集が困難に突き当たり、ローマの勝利を告げる予言の公表という手まで打たれている。

局面転換の芽

戦争は決定的な局面を迎えようとしていた。シシリーやイタリアだけでなく、イリュリアではマケドニアのフィリッポス五世が、前年のリスス占領後、アポロニアの北の部族や都市に向けて作戦を展開しているし、スペインでは両スキピオがエブロ河畔の自分たちの陣営から南方攻撃に向かっている。いやそれだけではない。アフリカでは親ローマ的立場のヌミディアの領主「王」シュファクスが、カルタゴに対して蜂起《ほうき》しているのに、シシリーに強力な援軍を送り出したカルタゴでは、これに立ち向かえない。まさに全地中海的な規模での局面の転換点が近づきつつあったのである。

シラクサ、ローマの手に

局面転換の芽は、前二一二年夏、まずシシリーにおとずれた。とくにシラクサをめぐる戦いに。今は、ローマの将軍マルケッルスは見抜いた。町を攻囲しているローマ軍の力、海上支配権、シラクサの仲間の救援、さらに加えてシシリー・カルタゴ連合救援軍の間の疫病の蔓延《まんえん》を。疫病といえば、すこぶる多くの兵士が倒れたばかりでなく、カルタゴ側の将軍ヒミルコもヒッポクラテスもその犠牲となった。残兵は西シシリーに退《しりぞ》く。また一方艦隊司令ボミルカルの優柔不断さは、決定的瞬間を捉えてローマ艦隊攻撃にと踏み切れない。

ついにマルケッルスの総攻撃、スペインの傭兵隊長の裏切りで町への道が開ける。エピキュデスは忠実な兵士を引き具して脱出したが、シラクサは晩夏にはローマの手に落ちた。正

シラクサのエウリュアロスの砦のあと
(1960年筆者撮影)

規軍団兵は略奪をほしいままにする。彫像・絵画はローマに送られた。ここではじめてギリシアの美術作品がローマに輸入され、ヘレニズム文化の粋はローマ人を驚嘆させた、という。かくしてシシリーの戦役の雌雄《しゆう》は決したといえる。

アグリゲントゥムおよび内陸部のカルタゴ部隊がなおも抵抗を続け、祖国からの救援を得て翌年も闘い続けた。しかし、それとて戦争を二年ほど長引かせたに留まる。

それでも、このシシリーでのローマ軍の勝利の波紋は大きかった。二一二年晩秋にはローマは見事、外交的な大成功を収めたのである。それは、ギリシアに反マケドニア的な楔《くさび》を打ち込んだこと、つまりアイトリア同盟との間に対フィリッポス同盟を結んだことである。フィリッポスはどうしてもハンニバルと一体になることができない。

さらにスペインでは、ローマ軍はエブロの南に足を印しようとしている。ハスドルバルは、アフリカで蜂起しているシュファクスに対して兵を割《さ》かねばならず、ローマ軍はあまり抵抗に出会わなかったのである。サグントゥムも落ち、新カルタゴへの海岸沿いの道もひらけた。

イタリアの戦局も傾く

イタリアでも戦争の主導権はローマに移りはじめた。なるほどハンニバルは、タレント湾一帯およびルカニアでの勝利後も、たとえばアプリアではヘルドニアエ付近で一万一千の兵を擁《よう》したローマの将軍グナエウス＝フルウィウス＝フラックスの軍に対して、ヌミディア騎兵を率いたマゴに背後をつかせ、右翼に伏兵をおいて、これを徹底的に破ったりして、アルピ陥落後の北アプリアの頽勢《たいせい》を挽回《ばんかい》はした。しかしこの前二一二年にはローマ軍は主力をカンパニアに集めてゆく。カプアが焦点になってくるのであった。包囲網をせばめてゆく。では、それに対してハンニバルは？　彼自身がカンパニアに急行しようとしていたかどうか、それは分からない。もっともすくなくともそうしてもだめだったであろう。飢えに苦しむ町に食糧を届けようという試みも空《むな》しかったのである。つまりハンノがルカニアから通そうとした穀物の輸送路は、ローマ軍によってベネウェントゥムの南西で遮断《しゃだん》された。カプアの命運も今はこれまでと思われた。

ローマ軍の復讐を恐れた住民から、使者が、包囲網をくぐってタレントゥムのハンニバルのもとにきた。ハンニバルは援助を約す。軍事的にみて、一体このことはどれだけの意味があったのだろうか。カプアはもう大分前から孤立していたのである。しかし他にどういう手が彼にあったというのか。カンナエ以降ハンニバルに味方してきた町のうちで、最大かつ最も誇り高き町だったのである。南イタリアの他の同盟者も、固唾《かたず》を呑《の》んでその運命を見守っていたのである。

ハンニバル自身が、大軍と三十三頭の象を率いて、ルカニアからカンパニアにはいる。

ハンニバル、城門にあり

紀元後二世紀の歴史家アッピアノスは、ハンニバルがカプアに現われるのが、あまりにも遅すぎた、ルカニアで情婦に心を奪われ、贅沢三昧《ぜいたくざんまい》の生活を送っていたからだ、という類いのことを記している。もちろん、これはローマ側の誇張あるいは宣伝というべきであろう。万をもって数える大軍、しかも象隊も一緒にルカニアからカンパニアに移動させるのに時間がかかったのはたしかである。

前二一一年春、ハンニバルはカプアの前に立った。町のそばのカレッタも占領する。だがカプアの前に強力な壕や堡塁《ほうるい》を築いていたローマ軍のため、町にはいれそうもない。それぞれが、二箇軍団から成る三箇の部隊のローマ軍、これに対して攻撃をしかけようとしても、ローマ軍の方が野戦にすべてをかける気持などなかった。五日間の日が流れる。

ローマ陣の前でハンニバルはなにもしない。結局は撤退せざるをえなかった。荒廃したカプア周辺地帯からは食糧が調達できなかったからである。ところがカプアを見捨てたわけでなく、最後の手を打ったのである。彼は北上、ローマに向かった。カプア市民に使者を派遣して、その計画を知らせておいて、カプアをあとにする。サムニウム、パエリグニ族およびサビニ族の地を急いで通り抜け、レアテで南にむきをかえて、ローマに向かった。なにものにも妨げられず、ティベルの支流、アニオ河——前二七二年に水道が建設されて以来、巨大都市ローマに水を供給するのに重要な役割を果たしていた——を渡り、ローマの城門のところに突然現われた。農民たちは町になだれ込む。「ハンニバル、城門にあり!」——町はパニック状態に陥る。ハンニバルからローマ側に逃げてきていたヌミディア騎兵が召集され、道を疾駆《しっく》していたのをみて、「フェニキア人はもう町のなかにいる」と信じた人もいたほどである。それでもすぐに勇気をふるい起こし、抵抗に転じた。

しかしハンニバルとしては、敵の首都を一撃で陥れることができるとは思ってもいなかった。二万ないし二万五千という兵力では、包囲することも急襲することもできそうにない。裸の中枢部を脅かすことで、カプアの前にある敵将をして、カプア包囲を解かせてラティウムに急行させようという狙いだったのである。

しかしファビウスはハンニバルの作戦を見抜き、カプア包囲の全軍団を引き上げさせることなどせず、わずか一万五千を率いたクィントゥス＝フルウィウス＝フラックスをひきかえさせただけで、カプア周辺には五万を残しておいた、といわれている。

形としては緒戦でのローマ進軍を想起させるものがあったが、ハンニバルとしても昔日《せきじつ》のような大胆な動きでイニシアティヴをとることが、今回はできなかった。ローマ側はハンニバル軍の弱体さを見抜き、この行動は単なるデモンストレーションだとみてとっていたのである。カルタゴ軍がローマ周辺を荒らすのは不快であったが、カプアを落としさえすればすべて償《つぐな》いがつくと思っていたのである。

カプア落つ

ローマの軍指揮官たちがカプアを見捨ててローマに急行する、という望みは消えた。ついに三日経ってハンニバルは陣営を撤収して、引き返さざるをえなかった。この突然の撤退については、いろいろと説明されている。

とまれ、カプアのそばを通りすぎた。もう町を救うことはできない。ルカニア、ブルッティウムを通って、ブルッティウム西端のレギウムに達した。

一方、カプアの長官もその友人の貴族も、ローマ人のいってきた「フェニキア人の不忠実さ」の正しかったことを認めざるをえなかった。憤り、かつ絶望した。カプアも落ちる。ローマの一将軍は、ローマ・カンパニア貴族間の多大な友好関係のため、寛恕《かんじょ》を呼びかけたが、空しかった。今一人の将軍の声「復讐こそ、戦勝からの最もすばらしい果実なのだ」というのが勝ったのである。

二十八人の離反者のリーダーが、つかまる前に自ら命を絶った。五十三人のカプア貴族が、公式に鞭《むち》打たれて首を刎《は》ねられた。離反したカンパニアの他の都市の貴族で、カプアにいたもの十七人が、同じ運命にあった。ローマは全く容赦《ようしゃ》しなかったのである。カプアは都市＝自治市としての資格を剝奪《はくだつ》され、町も土地もローマ人の所有するところとなった。

この前二一一年のカプア陥落は、南イタリアでのハンニバルに対する戦争の転機となった。ローマ軍はアプリアやルカニアに自由に軍を進めることができる。ハンニバルの活動の範囲は、ますますイタリア南端、ブルッティウムに限定されてゆく。

V　敗戦に逆落とし

1　ハスドルバルの首

カプア陥落の波紋

カプアの陥落は、ハンニバルの力が失墜《しっつい》したことを全世界に明らかにしてしまった。彼の神秘的な輝きも色あせてしまったのである。たしかにハンニバルはまだ三万ないし四万の兵力を擁し、イタリア南部の海岸地帯、ブルッティウムをおさえ、そこから兵士を集めることができたかもしれない。ところがその兵士たるや、緒戦のあの連戦連勝の勇士とは全く違っていたのである。老練の兵士たちが戦場で倒れたり、捕虜になったりして減ったばかりでない。四方にちらばっていただけでもない。なによりも、ローマに対する優越感がなくなっていたのである。ローマ進軍の失敗後、新しい作戦を展開しようという気概《きがい》がなくなっていたのである。今はただ南イタリアに留まり、あらゆる手を尽くして今確保している拠点を守り抜こうとした。それでも同盟諸市の援助はもうあまり期待できなかった。彼らには、カプアの運命が目に焼きついていたからである。

同盟市ばかりでない。カルタゴ軍を構成するアフリカ人、スペイン人、ケルト人、ブルッティウム人とカルタゴの指揮官の間がしっくりいかなくなる。もちろんローマ側にも戦争に倦《う》んだ気持が高まってきたことはたしかであった。

裏切りと謀反

実はハンニバルの姿勢そのものにも、今は変化がみられた。同盟市に対する寛大さ・温情が消え去ってしまったのである。相手方の謀反や裏切りと相関的に、不信や残虐さ、厳しさが、前面に出てくる。とくにローマと共謀の疑いあるものに対する厳しさ——やはりハンニバルは落ち目だったのである。住民を追い出し、家を焼き、土地を荒らす。

ハンニバルには分かっていたのである。兵力的にも、また戦略上占める位置からいっても、ローマ側の優っていることが。いやそればかりではない。このことは同盟者にも分かっていたのである。彼らが主導権をにぎり、ハンニバルを追いつめてゆく。

まず局面は、北アプリアで新しい展開をみせる。かつてハンニバルの冬営地だったサラピアが、裏切りによってローマの手に落ちる。サムニウム地方でもいくつかの町がマルケッルスの手に落ちる。さらにヘルドニアエ——この町がローマへの寝返りを図る。ハンニバルはそれを知るや、三万の歩兵、六千の騎兵を率いて進軍し、ローマ軍を破った。しかしこの孤立した町を守ることはかなわず、住民を、トゥリイおよびメタポントゥムに撤退させ、家屋敷を焼き払わせた。南サムニウム、ヒルピニ族の土地にもローマ軍は進撃してくる。カルタゴ側に与《くみ》する町もないわけでなく、ハンニバルは、ルカニアに退き、ヌミストロの近くに陣を布く。マルケッルスをおびき出して、戦闘にひきずりこむためであった。マルケッルスも来る。戦闘は、いずれとも雌雄《しゆう》は決しなかった。ハンニバルはタレントゥムにひきあげ、マルケッルスはウェヌシアで冬営する。ときの流れは、ハンニバルに決して芳《かんば》しいとはいえなかった。

ファビウスのタレントゥム奪回

年更《あらた》まって、前二〇九年、ローマ軍は北アプリアやサムニウムの新しい根拠地から、各方面に向けてはなばなしく攻勢に出る。

この年の執政官、老ファビウスとフルウィウス＝フラックスの狙いはタレントゥムの奪回にあった。カルタゴ本国とハンニバルの連繫、さらにはマケドニアのフィリッポスとの結び付きを考えれば、この港町の重要性は誰でもすぐに分かる。フルウィウスはサムニウムやルカニアの町——ハンニバルに味方してはいるが動揺している町——を落としてゆき、ウェヌシアにあったマルケッルスは、北アプリアにハンニバルをさそい出そうとする。カヌシウム付近でマルケッルスとハンニバルが衝突する。だがマルケッルス軍も退き、ハンニバルはブルッティウムにはいる。

この間、ファビウスはタレントゥムの城門に達する。町の守備隊長たる一ブルッティウム人の心を揺り動かして、町を占領した。ファビウスは不信・残虐という非難を受けるが、ハンニバルは町の陥落の報を受けて、嘆じて次のようにいったという。「敵にもハンニバルがいたようだ。自分がタレントゥムを奪取したのと同じ手で奪い返された」と。さらには、イタリア征服が今は不可能になったことを友人に訴えたともいわれている。彼は、この後も南イタリアで略奪行を続け、兵士を養ってゆくが、ローマ軍もそれを阻止することがなかったので、メタポントゥムに冬の陣を張った。

カプア喪失後二年たった。全アプリア、南サムニウム、北ルカニアを失い、ブルッティウムに追いつめられ、そこから前面のルカニアの地域を守れることをもって良しとしなければならなくなった。ローマ軍の大攻勢、タレントゥム、ウェヌシア、ウォルケイ、レギウムからハンニバルの拠点目ざして最後の大攻勢に出る日も遠くないようにみえた。

カルタゴ国内の変化

カプア喪失は、カルタゴ本国におけるハンニバルの立場にも大きな影響を投げかけていた。戦勝に次《つ》ぐ戦勝の報告を本国の人が歓呼《かんこ》して迎えていたときは、遠くはなれたハンニバルの発言も重みを持っていた。たとえば前二一六年の大作戦のプランも受けいれられたし、二一四年以降のシラクサの戦闘も彼の勧告のもとに行なわれたのである。しかし彼の発言に力のあったのは、ほぼ二一二年ころまでである。その腹心によってあらゆる糸を自分にたぐり寄せていたのであった。

ところが、カプア喪失後は、ハンニバル不敗の神話は過去のものとなった。反バルカス家の人たちが動きはじめて、ハンニバル攻撃に出る。なるほど、カルタゴの指導者層のなかには、まだローマとの和平の気運はなかったかもしれないが、今はハンニバルの意志で動かされなくなってきた。今こそ統一・団結が必要なときなのに、古い対立、ハンノ対バルカス家というより、出先機関と本国あるいは将軍と行政官という古い対立が鮮明な形をとりはじめてゆく。

シシリー、アグリゲントゥム陥落

前二一二年疾病に倒れたヒミルコのあとを継いでカルタゴ軍を指揮したのは、貴族臭ふんぷんたるハンノであった。彼はエピキュデスとともに、シラクサ陥落後も、アグリゲントゥムを中心に抵抗を続けたが、ハンニバルは、有能な将校でヒッポ－ディアリュトス出身の人、ムッティネスにヌミディア騎兵を授けて、シシリーに送りこんだ。だが、ハンノとムッティネスの対立が激化する。ハンノの方には、リビュア－フェニキア系の混血の人物に対する蔑視《べっし》、兵士に愛された将校に対するねたみ、いやそれ以上に自分の命令よりハンニバルの命令を第一とみて独自の作戦を展開する人物に対する不満が積み重なり――カプア以降ハンニバルの威令も及ばなくなるし――、一方、それに加えてムッティネスにも古いカルタゴ貴族に対する憎悪が高まり、両者の確執は頂点に達する。

ハンノがムッティネスの騎兵指揮権を取り上げ、それを自分の息子に与えるや、ムッティネスは将軍に叛旗をひるがえし、自分のヌミディア騎兵をひきつれてローマ軍に身を委ねた。カルタゴ軍の最後の拠点アグリゲントゥムを明け渡したのである。

アグリゲントゥムのヘラクレスの神殿あと

二一〇年、アグリゲントゥムの守備隊は殺され、有力市民は鞭打たれて首を刎《は》ねられ、残りの市民は奴隷に売られ、金銀財宝はローマに運ばれた。アグリゲントゥム落つの報は、シシリー全土に伝わり、ローマの全島支配は急速に固まってゆく。

因《ちな》みにムッティネスは、後に息子ともどもローマ市民権を与えられ、とき移って、東方でアンテイオコス――ハンニバルはこの人のもとにあった――に対する戦いで騎兵隊を指揮する。これは後の話。今はハンノもアフリカに逃げ帰らざるをえなかった。

スペインでのカルタゴの部将の対立

シシリーからスペインに目を転じてみよう。ハンニバルの後衛である。プブリウスとグナエウスのスキピオ兄弟が、前二一五年、二一四年と勝利を重ね、二一三年にはヌミディアのシュファクスがカルタゴ本国を脅かす形勢となったため、スペインにあったカルタゴの将軍、ハンニバルの弟、ハスドルバル＝バルカスが、スペインの精兵を率いてアフリカに戻らねばならなかった、このことはすでに述べた。このようにしてローマ軍の力はエブロの南にのび、サグントゥムを落とし、さらに南進する。

カルタゴ側も、バルカス家のハスドルバルとマゴつまりハンニバルの弟に加えて、ギスコ（ゲスコン）の子のハスドルバルが、ヌミディアの領主マッシニッサともども逆襲に転じた。二一一年、プブリウス＝スキピオは、マゴとハスドルバル（ギスコの子）とマッシニッサに敗れ、一方、グナエウスもハスドルバル＝バルカス、マゴ、ハスドルバル（ギスコの子）に撃破され、両スキピオはスペインで戦場の露と消えた。かくして、エブロ以南のスペインは再びカルタゴの支配下に戻った。ローマと結んでいた中部スペインの部族ばかりか、エブロの北の多くの部族もカルタゴ側と結ぶようになった。イタリアにおけるハンニバルの状況が芳《かんば》しくない今、再びカルタゴ側にチャンス到来とみえた。

ところが、ハンニバルの二人の弟はともかく、問題はギスコの息子のハスドルバルにあった。貴族の出。父は第一次ポエニ戦争末期、リリュバエウムを守り、傭兵の叛乱の最初のときに斃れた人物である。まことにエネルギッシュで、軍人としての才幹にも恵まれていたが、なによりも物欲・名誉欲・権勢欲に溢れており、才幹・権限をたのみ、バルカス家の下風に立つつもりはなかった。

そこで独自の道をとりはじめ、スペインの領主たちに対しても、バルカス家支配の伝統を超えて、自分の力の拡大に努めた。ここでハンニバルの弟たちとの確執があらわとなった。だれも譲ろうとせず、そのために支配領域を分割し、それぞれが別の指揮権をもつことになった。このことが、スペインでの戦争の流れを大いに左右することになる。

大スキピオの父と伯父の墓（19世紀の版画）

大スキピオの登場と新カルタゴ陥落

ここに登場するのが、プブリウスの息子、プブリウス＝スキピオ、いわゆる大スキピオである。前二一〇年、弱冠二十六歳の若者が父および伯父の後継者に任命され、初秋にスペインに着いたのである。

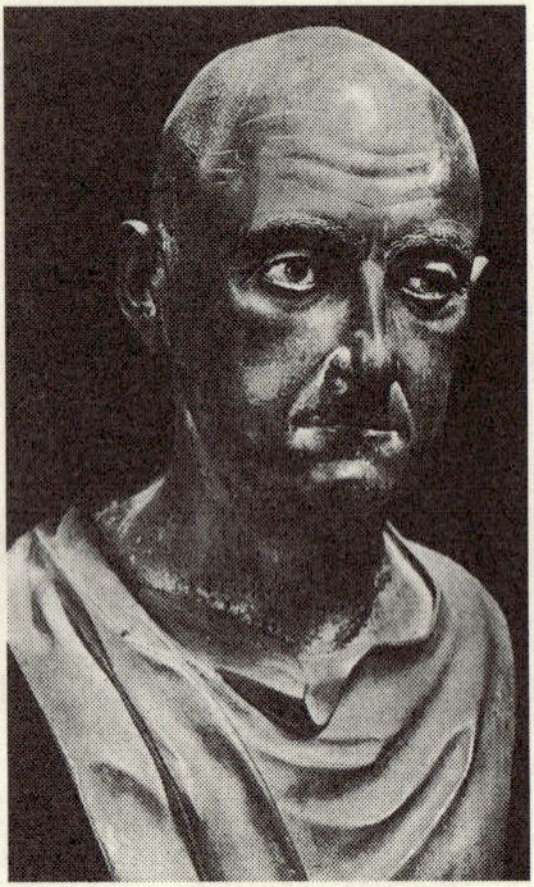

大スキピオ

実は、カルタゴの三将軍は統一行動をとらず、ハスドルバル（ギスコの子）はタホ河の中流・下流域のルシタニア（今のポルトガル）に、マゴは半島の南端ジブラルタルの地方に、ハスドルバル＝バルカスは現在のカスティラにあった。年更《あらた》まって前二〇九年、このチャンスをスキピオはつかんだのである。つまり「新カルタゴ」の包囲である。首都および近くの銀山は、ハスドルバル＝バルカスに防衛の責任があったのに、彼は内陸部深くに位置し、海岸沿いの攻撃に対して護《まも》りは手薄であった。三将軍ともローマ軍が攻撃してくるとは想像できなかったのである。このスキピオなる人物、神秘的な魅力を持った人物を知らなかったといえよう。

スキピオは、歩兵二万五千、騎兵二千五百を率いて、エブロから六日間、海岸沿いに新カルタゴにひたおしに下ってくる。王城の前の海を艦隊が封鎖する。要害堅固の町も守備隊の数はすくなく、港には艦船もわずかしかなかった。職人や鉱山労働者からの義勇軍は勇敢だったが、ローマ軍の方が数的にも圧倒的であった。干潟からの絶妙な攻撃もあり、新カルタゴはスキピオの手に落ちる。カプア以後の、地中海世界の覇権を決める第二回目の大決戦だ

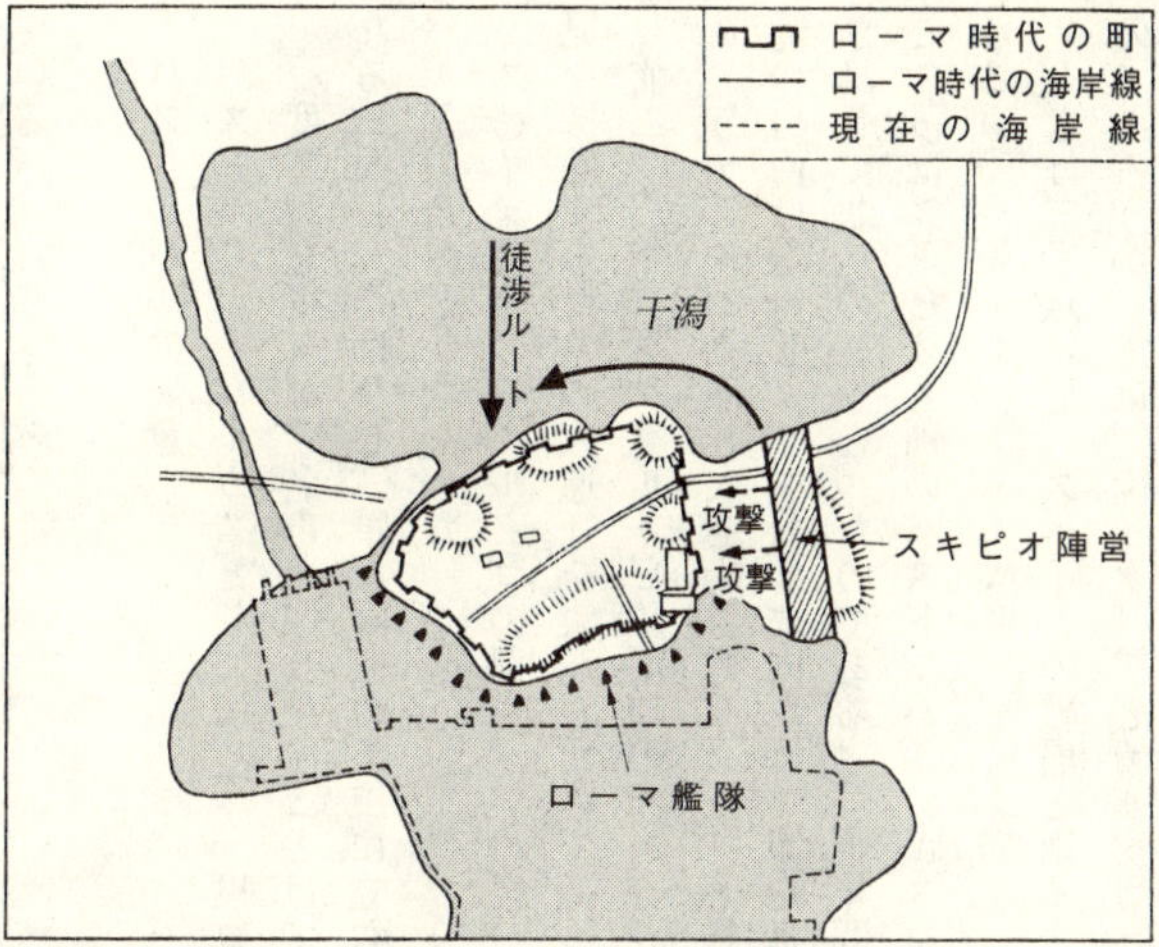

ローマ軍の新カルタゴ包囲

ったといえよう。

ローマ側は、金・銀・財宝・武器を山のように手にした。三十人委員二人と、元老院議員十五人が捕虜となったが、スペイン貴族の人質は解放され、彼らも今はローマに味方することになった。エブロ以北のスペインの部族が完全にローマの支配下にはいったばかりでなく、以南の有力部族もローマ側に移った。

ハスドルバル＝バルカスが、父から受け継いだ支配権はゆらいでいたのに、救援は期待できない。マゴは、攻撃に転ずるのには弱体すぎるし、ハンニバルは、いかにも遠すぎる——というより神通力を失っている。ギスコの息子ハスドルバルは、むしろライバルの威名の失墜を、自分の有利になるように利用しようとしている。

ハスドルバルの決意

ハスドルバル＝バルカスとしては、今一度ローマ軍と対決することを考えた。一度勝利を得れば、名声を取り戻すことはできる、でも敗れたら、スペインを失うことになる。敗れたくはなし、厭《いや》な同僚の下風に立ちたくはない——とすれば、道は一つ、ハンニバルとの合体しかなかった。

スペインにおけるカルタゴの拠点、いや自分の家の中心の失われたのを知り、イタリアの兄を援助するための大遠征を決意したのであった。

前二〇八年、グァダルキビル河畔のバエクラに鞏固《きょうこ》な陣を布いた。六月末ないし七月はじめ、新カルタゴから出てきたスキピオとの戦闘にはいった。ハスドルバル軍は敗れたが、行動の自由は獲得し、イタリアに向かって軍を進めることになった。金をかき集め、残兵を引き具して北への道をとったのである。三十年間一族が支配してきた土地を見捨てたわけで、この後はスキピオと別のハスドルバル（ギスコの子）が、この地の支配のために闘うことになる。

ときは二〇八年夏。スペインの戦場と南イタリアのハンニバルとの連絡はどうなっていたのであろうか。実は、南イタリアとカルタゴ本国、さらに北アフリカと南スペインとの連絡はついていたのである。

兄のあとを追って

ハスドルバルは、兄ハンニバルと同じようにピレネーを越え、アルプスを踏破してゆく。だが兄ほどの人的な損失はなかった。前のときより道がよく分かっていたこともあるが、なによりも季節が良かったからであろう。ガリアで越冬して、年が更まったのち、春、アルプスを越えたためである。

しかし、いかにうまく北イタリア、つまりポー河流域の地にはいれたとしても、そこから南イタリア、ハンニバルのもとへの道は遠かった。またかつてのハンニバル軍とはちがって、敗北した軍隊の残兵（数は一万五千）だったのである。兵士は北イタリアのケルト人から補充できたかもしれないが、あの連戦連勝のかつてのハンニバル軍とはちがう。士気、必勝の信念などなかった。ハスドルバルは、なによりも自力でもって、南イタリアまでローマ軍の網の目をくぐり抜けてゆかなければならなかった。ところで彼は、南イタリアの戦局の現状を十分につかんでいたのだろうか。

ハスドルバルを待ちつつ

前二〇八年の執政官、マルケッルスとクリスピヌスは、それぞれ二箇軍団を擁してルカニアとアプリアでハンニバルに相対していた。夏のはじめ、ローマ軍は新たに攻勢に出ている。決定的な勝利を目ざしていたと思われる。レギウムからロクリを脅かす一方、ウェヌシアにローマの主軍が集結して、ルカニアを抜けてブルッティウムに進軍することにしていた。この作戦が成功すれば、ハンニバルの立つ場はなくなり、ハスドルバルの企ても意味のないものになるはずであった。

ところが、この攻撃をハンニバルはくいとめた。ハンニバルの最後の拠点の一つロクリ占領を目ざしたクリスピヌス軍は大損害を蒙《こうむ》って退き、ウェヌシア付近でマルケッルスと合体する。ルカニアとアプリアの境、バンティア付近で、両執政官の軍はハンニバル軍との小競《こぜ》り合《あい》にはいった。ところがヌミディア騎兵の奇襲を受け、五度目の執政官「ローマの剣」マルケッルスは戦死し、同僚クリスピヌスは重傷をおった(のち死去)。マルケッルス戦死の報を受けたハンニバルは、死体を探させ、執政官の黄金の指輪をとり、恭《うやうや》しく埋葬させ、指輪と銀の骨壺にいれた遺骨を彼の息子に送った。

揺れるローマ

実は、前二〇九年以降、イタリアの中心部は、果てしらぬ戦争、ますます重くなる負担に対して、厭戦《えんせん》気分が高まっていた。とくに二〇九年の十二ラテン市の蜂起《ほうき》に当たっても求められた兵士を集めることができず、またエトルリアの不穏さはローマ軍の常駐という結果になった。

こういうとき、マッシリアから報告がはいったのである。ハスドルバルはピレネーを越え、イタリアへの道をとっている、と。両カルタゴ軍の合体が成れば……。

前二〇八～二〇七年の冬も、ローマは決して平穏無事ではなかった。放火騒ぎがあり、ハンニバル側に立つカンパニアの代表のせいにされた。戦争忌避《きひ》の気運も広まり、大地女神の崇拝が東方からはいってくる。たしかに、この度はずれの儀式のなかに人は慰めを見出したのであろう。

大地女神

マルクス＝リウィウス＝サリナトルとガイウス＝クラウディウス＝ネロが新執政官に就任する。前者は前二一九年の執政官で、スペインのバルカス家の政策を知り尽くしており、あのカプアの長、裏切り者パクウィウス＝カラウィウスの婿だったが、後者は厳しい、いや残忍な人物で、すばらしい軍事的才能を発揮することになる。

使者つかまる

ローマ側としては、あくまでもハスドルバル軍とハンニバル軍の合体を阻止しなければならない。二十三箇軍団を動員する。ネロは南イタリアの軍団をもって、ハンニバルの北上をおさえようとした。執拗《しつよう》な戦闘がくりかえされたが、ハンニバルもアプリアにはいることができた。ネロはあらゆる道路の守りを固め、カヌシウムでハンニバルと対峙《たいじ》しつつ、兄のところへのハスドルバルの使者をつかまえようとしていた。一方、同僚のリウィウスは、東はアリミヌム、西はアッレティウムに翼の部隊をすえて、中部イタリアの守りを引き受けている。

両執政官ともに、カルタゴ側の二人の将軍がどこで合体するか分からなかった。ところがネロの前哨が、六人のヌミディア騎兵を捕らえた。これこそ、ハスドルバルから兄への手紙を携《たずさ》えた使いだったのである。ハスドルバルはプラケンティアの近くにあったが、攻囲のためにに長く留まるつもりはなく、アドリア海岸沿いにウンブリアを通って南進、途中でハンニバル軍と合体したいというのであった。実は、この合流点は前から決められていて、それを再確認しようとしたのか、それともハンニバルがウンブリアを自分の将来の作戦の根拠地にしようと考えていたからなのか、分からない。諸般の事情からいって、この提案はハスドルバルがはじめて行なったとみるのが自然であろう。しかし問題は、使者がハンニバルのもとに届かなかったという事実である。

リウィウスにことを知らせる使者を送り、ネロは七千の精兵を率いて、リウィウスを助けるため強行軍で北に向かった。今度はハンニバルもだまされた。彼はアプリアつまりカヌシウムでじっと弟を待ち続けるのであった。

ハスドルバルはスペインからの精兵、十頭の戦象、ケルト人の召集兵など二万ないし二万五千を擁していた「最少の見積り。一般に三万ないし五万八千の間の諸説あり」。それでも、ローマ軍の狙いが、自分と兄の軍の合体の阻止にあるということは百も承知であった。北部の総指揮官リウィウスの率いる軍勢が、ネロおよび法務官ポルキウス＝リキヌスの率いる第三の部隊によって強化されていたことを知っていたかどうかは分からない。

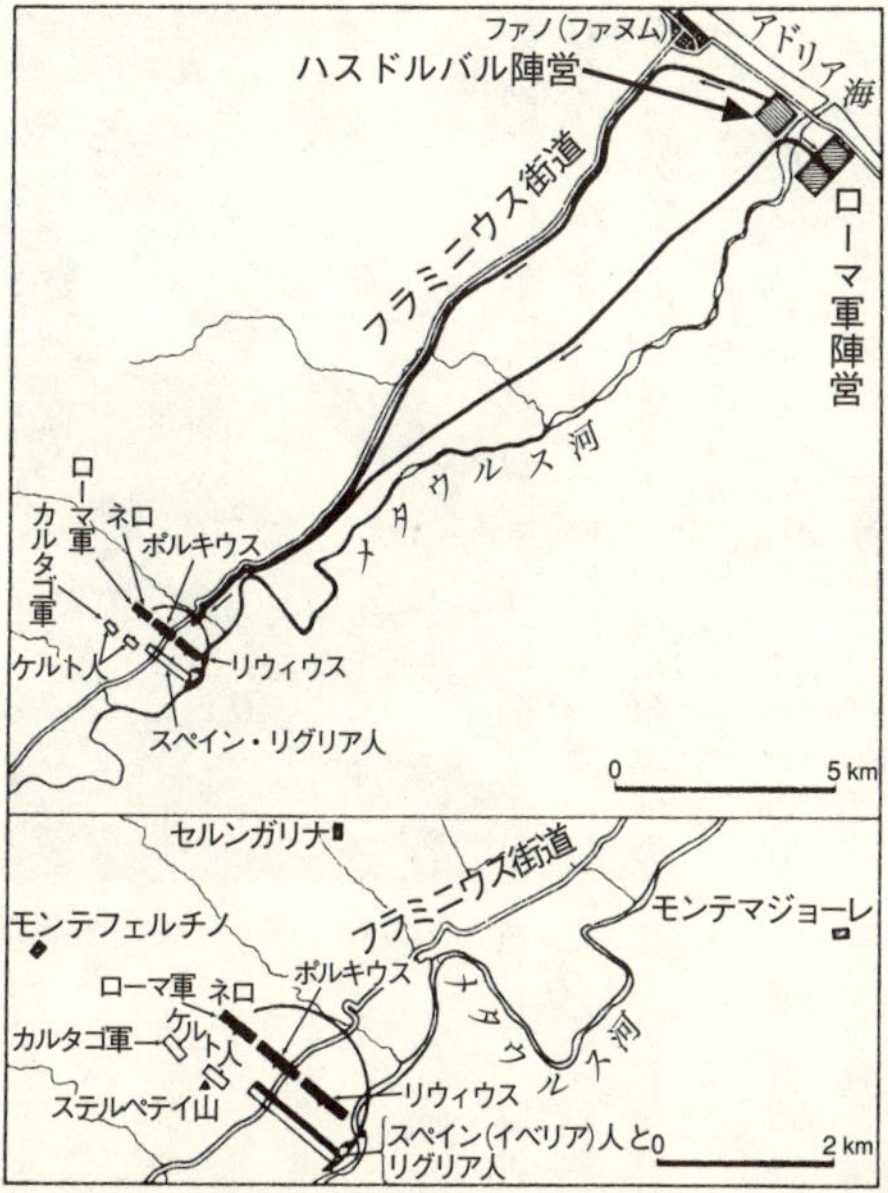

メタウルス河の戦い布陣図（クロマイヤーによる一説）

メタウルス河の決戦

ハスドルバルは、アリミヌムを過ぎ、メタウルス河を渡る。ここは中部イタリアへの入口に当たる。強力なローマ軍が、行手を遮った。彼は迂回《うかい》することに決め、河を渡って退こうとする。もっと適切な場所に陣

ハスドルバルの首（ティエポロ筆）

地を築き、兄の返事を待とうと思ったのであろう。騎馬の使者のつかまったことを知らなかったのである［決戦の場所および日時に関しても諸説あり、定まらない］。

河を越えて退くのはむつかしかった。海岸に近く、水は岸に溢れていた。しかし、河を渡って全軍を率いて上流の方に向かう。陣地のためのうまい場所を見つけんものと。だがそのため、ついにローマ軍につかまった。両執政官および法務官ポルキウス＝リキヌスの軍である。ハスドルバルの軍はあちこちひきずり廻された挙句《あげく》、疲れ果てていた。それでも今は戦わざるをえない。

ハスドルバルは、ギリシアの戦術を学んでいた。斜陣の隊形を採った。右翼を強くして丘の上に兵を進め、ここに象およびスペインの重装歩兵・精兵をおいて攻撃体勢をとらせ、一方、ケルト人には左翼で持久体勢をとらせ、自分はその背後を固めることにした。しばらくはすべてうまくいくようにみえた。象を前にして右翼ははなばなしく戦い、ケルト兵も勇敢に持ちこたえていた。ところがネロが、部隊を迂回させて、右翼スペイン軍の側面、さらに背後から攻撃してくる。ハスドルバル軍も浮き足立つ。戦列を立て直そうとしたが、ハスドルバルは混乱のなかに倒れ、総崩れとなる。カンナエと逆の結果となったのである。

ネロはハスドルバルの遺体を探させ、首を胴体から切り離し、医者に剝製《はくせい》にさせた。そしてアプリアに戻り、首をハンニバルの陣営に投げ込んだのであった。

ハンニバルは「カルタゴの命運極まれり。神はわれらを見棄てたり」といったという。

ハンニバルは再びブルッティウムに退く。

イタリアとスペインの戦役終わる

ハンニバルはクロトンに本営を移し、甥のハンノ＝ボミルカルはロクリにあったが、イタリアの戦役の最終の舞台のくわしい動きは分からない。もっとも前二〇七～二〇六年にはローマ軍が局地的な小戦闘をくりかえしつつ、ハンニバルをじわじわと圧迫してゆく。局面はさしたる変化もないままであったが、二〇五年にはローマ軍はロクリを奪回している。またマケドニアのフィリッポス五世が、ローマと和平を結んでいる。

一方、スペインに目を転ずると、二〇六年［二〇七年説もある］、最後のカルタゴ軍つまりハスドルバル（ギスコの子）がイリパで敗れている。スキピオはカンナエの戦闘を手本にカルタゴ軍を破ったが、夜、豪雨のため勝ちを完璧なものにすることを逸したのであった。ところがこのハスドルバルも結局はガデスを経てアフリカに逃げて帰った。スペインのほとんどすべての部族が、カルタゴ人を見棄てたのである。

ヘラ－ラキニア神殿の遺跡

ただマゴは、イベリア半島最古のフェニキア人の植民市ガデスを守ろうとした。町の長はひそかにスキピオと結ぼうとする。それを知ったマゴは、彼らを磔刑《たくけい》に処し、町を略奪し、メルカルト――ギリシア人がガデスのヘラクレスと呼んでいた――の神殿の財宝を打ち壊した。しかし町はローマ軍を受け入れ、マゴは撤退し、残兵を船に乗せてバレアレス諸島に留まったのち、ゲヌアに向かい、二〇五年この地に上陸している。

マゴの狙いは果たして中部イタリア進撃だったのか。率いる兵は歩兵一万二千、騎兵二千、象七頭であった。ゲヌアを破壊し、リグリア山地で小戦闘を展開している彼に与するリグリア人部族もあった。リグリア人やケルト人を武装させることもできたが、戦局を動かすまでにはいたらない。果たして、この北方のマゴと、南方のハンニバルの動きの間に有機的な関連があったといえるか。解答は否である。

すべては終わった

前二〇五年にハンニバルは、自分の果たした仕事に関しての記録を残している。

ギリシア語およびフェニキア語で、大きな二枚の青銅板に刻まれ、クロトンから程遠からぬ地のヘラ＝ラキニア神殿に奉献されたという。それによれば、ハンニバルははっきりと「すべては終わった」ということを意識していたと思われる。マグナ＝グラエキア（大ギリシア）の地に対する彼の遺言とでもいうべきか。自分は、ローマに対するこの地の救済者として現われたのに、誰も正しく理解してくれない。フィリッポス五世の領土が、ローマの土足で蹂躙《じゆうりん》されるのももう遠くなかったのに。

のちにクロトンも完全に衰え、ヘラ＝ラキニアの崇拝もすっかり忘れ去られ、神域の松林も、ローマ艦隊建造のため伐採されてしまった。だがリウィウスはまだこの銘文を知っていて、これを史料として使っているのである。その後の銘文の運命は分からない。

2　最後の決戦

ハスドルバルの外交的手腕

前二〇五年。プブリウス＝コルネリウス＝スキピオは執政官としてシシリーにあった。そこからアフリカに渡る準備をしていたのである。

それはなぜか。「戦争は今ここに始まるのだ」としてカルタゴの本拠を衝くことを求め、元老院の広くしかも強い反対――その中心には老ファビウスがいた――をものともせず、長く激しい討議の末、北アフリカ上陸作戦の許可を得たのであった。

南イタリアのハンニバルなど、今は問題ではなかった。スキピオ軍のロクリ奇襲がその良い例であった。砦のなかのカルタゴ守備隊は町の住民に裏切られて降伏している。ハンニバルの救援が遅すぎたのである。その後は、彼がブルッティウムにいても、ローマ軍にとっては脅威でなくなった。クロトンにあってアフリカに向かおうとしないのが、スキピオには好都合だったのである。スキピオがアフリカに渡った後も、なぜハンニバルはもう意味のなくなったイタリアに固執していたのか、分からない。日一日と彼の立場は弱く、悪くなってゆく。

ハンニバルの行動を解く鍵は、カルタゴ本国の事情にある。そこではハスドルバル（ギスコの子）と反バルカス家グループが力をにぎっていたのである。ハスドルバルにはスペイン喪失の責任があったが、彼はアフリカ帰還後の外交的手腕のみごとさでもってそれを帳消《ちょうけ》しにし、それどころかカルタゴ救済者としてぐんぐん力をのばしてきたのである。例のシュファクスが王位を求めてローマと結んでいたのであるが、そのためローマ軍がアフリカに上陸すれば、このヌミディアの領主がそれを助けるだろうと思われていた。そうなればカルタゴの命運も極まるはずであった。ハスドルバルはどうあってもこれを阻止しなければならない。西ヌミディアのシュファクスに対して手練《てれん》手管《てくだ》を尽くす。阿諛《あゆ》追従《ついしょう》、様々の約束——自分の美貌の娘を彼に与えるまでして、彼をカルタゴの味方にすることができた。シュファクスも東ヌミディアのキルタの王位争いに手を出し、マッシニッサと闘ってこれを追放し、ヌミディアの大半を掌中にした。今やローマの期待は水泡に帰したのである。スキピオのアフリカ攻撃に対して、カルタゴが、逆にシュファクスの助けを借りることができることになったのである。

今こそハスドルバルはすべてを整え、娘婿シュファクスからの援助が期待でき、カルタゴのリーダーとなった。彼と比肩《ひけん》できる人物はハンニバルただ一人だったが、そのハンニバルははるかイタリアにあった。この人を呼び戻すことなどハスドルバルは全く考えもしなかった。自分一人ですべてを片付け、カルタゴのために可能な和平を結ぶことができるという自負心に燃えていたのである。

戦闘と術策と

ハスドルバルはローマ軍の侵入を阻止しようとして、ますます外交的術策を弄《ろう》してゆく。そのために、まだ形の上ではローマと結んでいたシュファクスが――岳父や妻の入知恵《いれぢえ》もあり――スキピオと取り引きを始めた。ローマ軍がアフリカ上陸作戦を止めさえすれば、自分はずっとローマの友人であり続けることができる、と。これは一種の脅迫だったが、和平の仲介者としての自薦《じせん》の試みでもあった。動揺する者もでたが、スキピオはこれを容《い》れない。彼にとってアフリカ作戦にマイナスとなるものが増大してゆくにしても、初心は変わらなかったのである。

ついに前二〇四年夏。スキピオは三万五千の兵を率いてリリュバエウムを船出し、美の岬(現在のファリナ岬)つまりカルタゴの北、ウティカからほど遠からぬところに上陸した。マッシニッサが駆けつけたが、彼は今は土地も兵士ももたなかった。

町と港を獲得せんものとウティカを攻撃したが、失敗し、その東の岬の上に冬の陣を布いた。その間ハスドルバルとシュファクスの大軍が幾度か襲いかかり、陸上から陣地を包囲した。このときもシュファクスは仲介者となって策を弄し、和平交渉を行なっている。カルタゴ軍がイタリアから退き、ローマ軍がアフリカを撤退し、その上で和平を結ぶべきだ、と。停戦は同意され、使者が行き来する。交渉もうまくいきそうにみえた。カルタゴ政府もシュファクスの示した条件を呑むことになり、スキピオも原則的にこれに同意することを約した。ところがスキピオは、この交渉をうまく締結までもってゆく気などなかった。ときをかせいだのである。

二〇三年春。交渉を中断し、停戦中止をいってきた。ハスドルバルもシュファクスも事態の急変をつかみきれず、何の手も打てない。翌晩、スキピオは、突然カルタゴ・ヌミディア勢の陣営を奇襲した。守りは弱かった。天幕や葦《あし》ぶき屋根に火がつき、眠りこけていた人も、馬も、炎のなかで焼け死んだ。陣営はパニック状態になり、残兵は四散した。

しかしハスドルバルは手を上げなかった。ハンニバル帰還要求の声の高まりに反発しつ

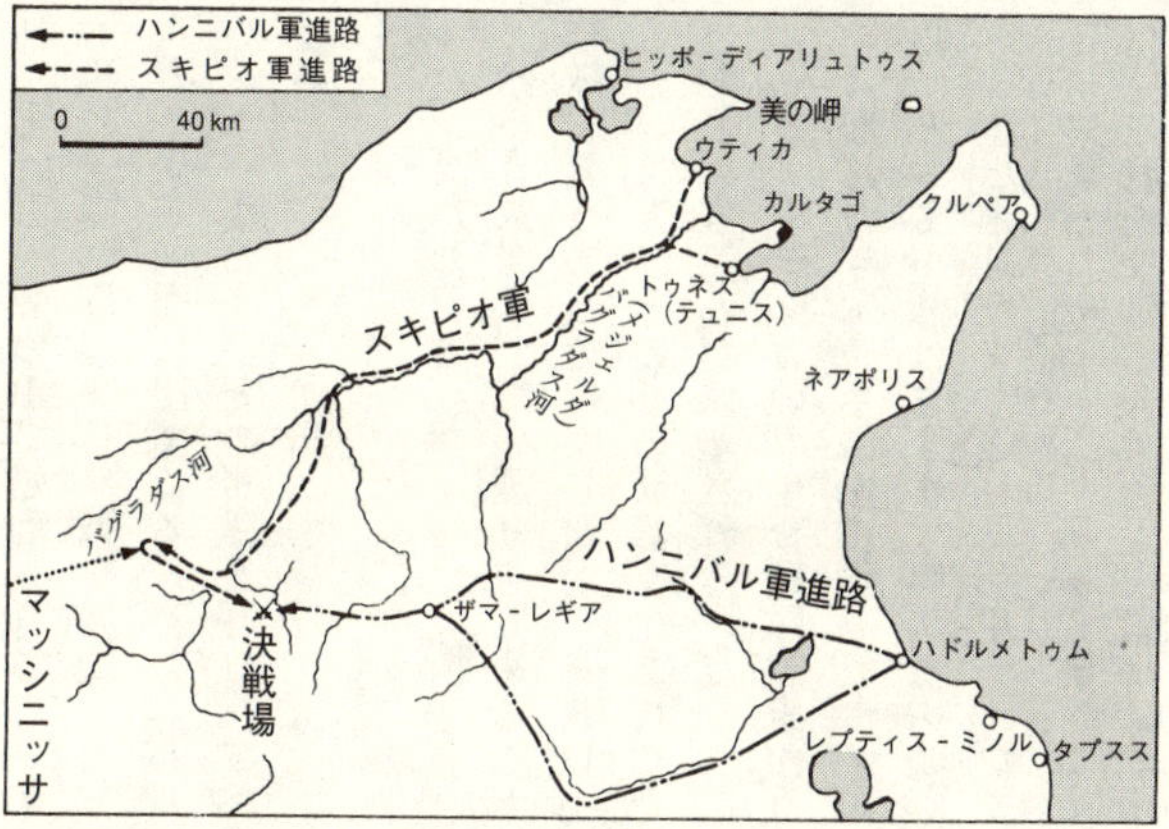

北アフリカ（カルタゴ付近）

つ、シュファクスと共に軍隊を再編成した。スペインの傭兵四千も到着し、兵数三万、数だけはローマ軍と匹敵するものがあった。

ハスドルバルはハンニバルの必要なしという証拠を見せようと戦いを挑んだが、またも完全な敗北を喫《きっ》した。バグラダス（現在のメジェルダ）河畔の大平原で戦いが行なわれたのである。シュファクスは二、三の騎兵と故郷に帰り、急ぎ兵を整えてキルタに向かった。ところが妻や財宝をおいてあったキルタ城門で捕虜《ほりよ》になった。彼に代わって、マッシニッサつまりシュファクスの仇敵が全ヌミディア人の支配者となったのである。

カルタゴは、いよいよ最後の決戦の準備をする。今は昔のものとなった民兵、貴族の子弟の騎兵隊が組織される。ハスドルバルは舞台からおろされる。彼は自殺したともいわれ、また百人会の手で処刑されることになったという史料もあり、またテュニジア・アルジェリア国境地帯でゲリラ戦を展開したともいわれるが、真偽のほどは分からない。ここでバルカス派が前面に出てくる。ハンニバルの甥ハンノ＝ボミルカルが将軍となる。どうしてもハンニバルおよびその軍隊を呼び戻すべきだという声が、バルカス派の間で高まってゆくのであった。

ハンニバル召還

バルカス派は、町の護《まも》りを固めること、そして艦隊を装備させて、ウティカの前のローマ艦隊を襲うことを提案したが、それ以上にハンニバル召還の叫びが他を圧する。名将に対する思いは人びとの心の底深く生きていたのである。イタリアに、マゴおよびハンニバルの帰還を求める使者が派遣される。

一方、ウティカのローマ艦隊攻撃がうまくゆかず、スキピオはカルタゴから二〇～二五キロはなれた、トゥネスを占領した。そこに陣営を設けて周辺地域を荒らしたので、カルタゴ側にとって事態はますます容易ならないものがあった。

スキピオはうまくこれを利用し、アフリカの外の海外領土をすべて引き渡すこと、および五千タレントの賠償金、軍艦を二十隻に制限することを求めた。カルタゴ側、いや和平派は、これを交渉の条件として認め、自分たちの方からローマに船で使節を送り出すことにした。そして、これが帰ってくるまでの停戦が取り決められた。

この間、ハンニバルおよびマゴのもとにカルタゴからの使者が現われる。故国が彼を呼んでいる、と。ハンニバルもマゴもこれに応ずる。ところがマゴは、今のミラノ付近の戦いに敗れて傷つき、その軍勢の残兵を乗船させたにすぎず、マゴ自身は帰還の途中で死んだ。

この召還の使者は、本国政府がスキピオと停戦してローマと和平を結ぶ意図だということを知っていたと思われる。ハンニバルがこの計画に反対したかどうかは分からない。想像はどのようにでもできよう。ただ本国政府への憤り、いや和平派と主戦派、バルカス家とハンノ家の宿命の対立をひしひしと感じたのではなかろうか。リウィウスは、ハンニバルの憤りを、まことに生々と描いている。ただたしかなことは、スペインの銀山の喪失が決定的であったこと、財政危機が和平派の行動にも大きな影響を与えたとみられることである。

将軍としてのハンニバルは、やはり本国政府の命令には従わざるをえない。病人あるいは戦えないものを残して、総勢一万二千ないし一万五千を率いて——そのなかにはイタリア人もいた、ローマの恩恵をのぞめない人たちである——、クロトンを船出した。戦象や騎兵については、なにも伝えられていない。輸送の手だてがなかったという推定もある。本国政府が輸送船を送らなかったので、傷ついた馬を殺させた、ともいう。なおブルッティウムの二、三の拠点に兵を残したのは、またこの地に戻ることを狙ってということもあるが、それよりも外交的な配慮があったからであろう。ローマとの交渉に当たり、アフリカの外のカルタゴの支配領域が大きな意味を持っていたのである。

ローマの歴史家は、この〝不誠実で残虐なフェニキア人〟の退去について、次のような話を伝えている。ハンニバル出発の知らせを受けて、ヘラ－ラキニア神殿の保護を求めんものと、ルカニアおよびブルッティウムからクロトンに、ハンニバルの古い戦友が集まってきた。神を軽んずるこの人は、このイタリア人をすべて神の犠牲に供する、つまり殺すように命じたという。もちろん、この話は、イタリア人の間にフェニキア人に対する憎しみをかきたてるものだったといえよう。また別の伝えでは、ヘラ神殿からこの人は船に乗った、しかし、いかな亡命者たりとて、この敵国イタリアを去るときのハンニバルほどに悲しみをたたえて立ち去ったものはいなかった、と人はいったとも伝えられる。クロトンを去るとき、戦争は終わった、と感じていたのであろうか。なるほど自分を待ち構えているものが並々ならぬものであることは知っていたが、わが事終われり、と観念しきっていたかどうかは、先の碑文にもかかわらず問題であろう。自分のことは済んだ、と思いつつも、自分を呼ぶ故国に、というのではあるまいか。

ハンニバルは帰ってきた

停戦・和平交渉が行なわれていたにもかかわらず、ローマ艦隊はカルタゴの港を封鎖して、北方の自軍の陣地を固めていた。ハンニバルはカルタゴそのものに上陸するつもりはなかった。前二〇三年秋もしくは冬のはじめ、南の方、レプティス＝ミノルに上陸した。実は、この地帯にバルカス家は広大な所領を有していたのである。ここから北の方ハドルメトゥムに進み、そこで、甥でかつての下級指揮官ハンノ＝ボミルカルから故国カルタゴの軍を与えられた。

この地でハンニバルは越冬するが、自分の連れてきた一万二千ないし一万五千のイタリアの精兵の他に、一万二千の傭兵――そのなかにはマゴの残兵だったリグリア人、ケルト人、バレアレス人がいた――さらに第三の部隊としてボミルカルの集めたリビュア人、カルタゴの市民兵一万二千が加わる。またカルタゴ貴族から成る騎兵千二百に加えて、シュファクスの家臣テュカイオスが二千の騎兵を率いてきた。さらには八十頭の象。かくして兵力的には、二〇二年春には四万以上になっていたのである。

ハンニバルがこのように装備を整えている間に、カルタゴの使節がローマから帰ってきた。ところがハンニバルがアフリカに戻ってきたことで、カルタゴの空気も変わっていたのである。使者は和平条約案を携えていた。元老院は同意しており、カルタゴ側が受け入れれば良いだけになっていた。実はハンニバルがどれだけ反対したかは分からないが、ともかく彼の帰還が人の気持を変えたことはたしかである。スキピオからの使者に返答した。この条件、とりわけ賠償金と艦隊の件は厳しすぎる、と。停戦は取り消される。

主戦派と和平派

ハンニバルが、この冬の間にカルタゴの政治的決定に影響を与えようとしたかどうか、それはなにも伝えられていないが、カルタゴ内外の情勢が揺れていたことはたしかである。たとえば、スキピオの陣営へ帰還途中のローマの使者を、カルタゴ人が殺そうとしたとか、トゥネス付近に漂着したローマの穀物輸送船が略奪されたとか、カルタゴに暴動が起こり、ハスドルバル(ギスコの子)に向けられた民衆の怒りが爆発し、彼らはその邸におし入り、そのためにこの不幸な人物はあの傭兵に殺された父の墓所に逃げて、毒を仰いで死んだ、というのである[一六五頁の話――噂にとどめるべきであろう――とも矛盾している]。

以上の話はどこまで信用できるか分からないが、この冬の間、カルタゴでは人心が大きく揺れていたことはたしかである。この大衆の騒擾《そうじょう》後、何人かのカルタゴ貴族が保護を求めたのがハンニバルではなく、敵つまりスキピオだったといわれている。和平派と主戦派の対立、主戦派の勝利、和平が締結されなかったので停戦が終わりとなったとみるべきか。いかなる混乱がみられたにせよ、ハンニバルの今集めることのできた兵力を思えば、やはりそこにはカルタゴ社会の各層の協力があったということはできる。

ザマの決戦に

前二〇二年春。スキピオとハンニバルの両軍はそれぞれ陣営を出発する。ハンニバルはハドルメトゥムから西方に、スキピオはトゥネスからまずバグラダス（メジェルダ）の谷を遡って西南方に進んだ。

ところはザマ。トゥネスとハドルメトゥムからほぼ等距離の地点に両軍は陣を布いた。まさに丁度そのとき、ヌミディアからマッシニッサが四千の騎兵、六千の歩兵を率いてスキピオのもとに着いた。

スキピオ軍は、正規軍団兵二万九千［一説では二万三千］、騎兵二千五百［一説では二千］とマッシニッサ軍から成っていた。ハンニバルの方は、第一級の騎兵が敵より優っているという古くからのパターンは崩れていた。ヌミディア騎兵一千が一領主（ハンニバルの姪の夫）に率いられて、加わってはいたが。ハンニバルは重装歩兵と象隊で、敵に優っていたのである。

ハンニバル・スキピオ会談
（ルイ十四世時代のタピスリー）

ザマの南の大平原。戦いの前、ハンニバルは、未知の将軍スキピオとの個人的な会見を求めて、両者の話し合いが行なわれたという。この伝えは、信憑性《しんぴょう》の批判に堪えないという人も多い。伝えをそのままとれば、次の通り。ここでできるだけ政治的な解決を求めたとみられるのである。アフリカの外の拠点の放棄を申し出、戦時賠償は重すぎると批判し、軍艦の削減を拒否している。この外交交渉は本国政府の承認なしで行なわれたとは思えない。やはりカルタゴの本音がでている。できれば和平を、と。この交渉が拒否されれば、道義的な非はローマ側にあることになる、とみなしたのであろう。両雄の会見というエピソード的な話そのものはともかくとして、合戦直前の交渉は、これまでの流れからして、また合戦前の一般的な型として存在したかもしれない、というにとどめるべきであろうか。だが、スキピオは拒否し、いよいよ決戦となる［決戦場および決戦の日時については諸説あり、定まらない］。

スキピオは三列の陣形をとりはしたが、前から後ろに市松模《いちまつも》様《よう》風に兵を配置することなく、象の突進に対しては空《くう》を切らせるようなスペース――道――をつくった。騎兵は翼にすえ、右翼にはマッシニッサの率いるヌミディア軍、左翼にはラエリウスの指揮するローマ騎兵をおいた。

一方ハンニバルは四列の陣形をつくる。第一列は八十頭の象、第二列は一万二千の傭兵、つまりハンニバルのあまり信用していない連中で、ハンニバルの古い戦友マゴが指揮をとる。第三列はカルタゴ人およびリビュア人から成る兵士たち。つまり、最近召集されたばかりの訓練不足の人たちである。甥のハンノ＝ボミルカルが指揮をとる。第四列が、千軍万馬のイタリアから連れてきた古参兵でハンニバル自身が指揮する。両翼には騎兵、右翼がカル

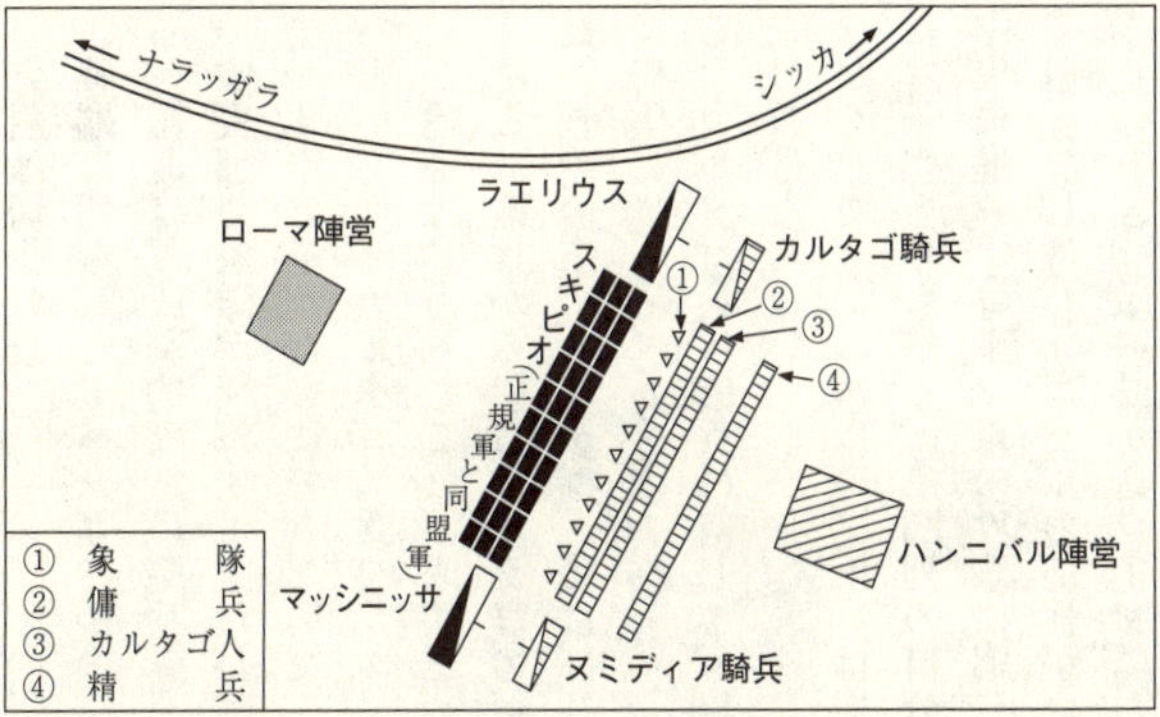

ザマの戦い布陣図（クロマイヤー，ホフマンによる）

タゴ貴族の騎兵、左翼がヌミディア騎兵である。

ハンニバルは読みとっていたのである。敵は最初の歩兵攻撃でカルタゴの兵力を前面に集め、次いで二陣、三陣の攻撃でカンナエ風に包囲してくるだろう、と。こういった可能性に対して、古代ではまだ未知の戦術で立ち向かおうとしたのである。予備部隊の編成、というより古参兵部隊によって第四列をつくり自分が指揮をとったのである。でもこの斬新な戦術を、下級指揮官が十分呑み込めたであろうか。ハンニバルは、今回の混成部隊をあまり信用していなかったのであるが、他の部隊が血まみれになって戦っているのにエリート部隊を温存しておくことが、士気を弱めはしないか。とりわけフェニキア貴族たる将軍たちの利己心に対する全傭兵連中の根深い不信が助長されるのではないか――たしかにこういう懸念はあった。

火蓋は切られた

戦端は切られた。ハンニバルは、まず象の突撃と翼の騎兵隊のにせの撤収で戦いに突入する。撤収は、圧倒的な敵の騎兵隊を戦場からそらすためであった。

中央部で象隊が突撃する。だが、空《くう》を切る。スキピオの斬新な隊形、つまり各部隊の間にまっすぐの道がたてにできていて、象はそのなかを一直線に進む。兵士のいないところを。退いてゆくカルタゴ騎兵をラエリウスとマッシニッサの率いるローマおよびヌミディア騎兵が追いはじめる。これは成功だった。

そこで傭兵から成るカルタゴの第二列が、じっとしていたローマの部隊に突込んでゆく。長い戦闘の末、カルタゴ人およびリビュア人の第三列まで押されてくる。ところがこの部隊は忠実に進もうとしない。傭兵は裏切られたと思い、カルタゴ兵に剣を向けるものさえ出る。カルタゴ兵は傭兵に対して、いやもちろん近寄ってくるローマ兵にも、武器をふりあげなければならない。

かくしてハンニバルのプランは崩れる。今一度立て直すことはできたかもしれないが、それは予想よりも早く、第四列の自分の精兵を戦闘に投入することによる他なかった。彼らは中央に進み、ローマ軍の攻撃に応じた。二列・三列の残兵は両翼に除けられた。戦局は一進一退、むしろハンニバルの精兵がローマ軍を撃破しそうにみえた。

そのとき、敵追跡からローマ［およびヌミディア］騎兵が戻ってきた。カルタゴ軍の背後に現われたのである。すべては終わった。カンナエと同じように。今度は運命の神はローマ側にほほえんだのである。

精兵は力の限り抵抗し、最後の一兵まで闘った。腹心の部将もことごとく討ち死にしたらしい。ハンニバルは、数人の従者とようやくハドルメトゥムに逃れたにすぎない。四万の兵のうち二万が斃《たお》れ、残りは捕虜となったのである。カンナエのあとのローマとは異なり、カルタゴには後詰《ごづ》めはなかった。敵は城門に迫ったが、ハンニバル――子供のとき離れた町に戻っていた――も、今はなすべきすべもなかった。

ローマの思いのままに

戦闘のすぐあと、カルタゴの全権使節がスキピオの陣営に現われ、和平を申し出た。

スキピオは条件を提示する。それは、まことに厳しく、前二〇三年の協定をはるかに超えるものであった。カルタゴはアフリカの外の領土をすべて放棄するだけでなく、アフリカでもヌミディアの王マッシニッサの故領ともいうべき土地をすべてこの王に譲り渡すこと。軍艦に関しても、以前の二十隻に代わり今回は十隻に、賠償金も以前の五千タレントに代わり、五十年賦ではあるが二倍に、さらにカルタゴの貴族の若者百人を人質としてローマに送ることが求められた。それ以上に厳しいのは、カルタゴは今後アフリカの外で戦争を行なうことはまかりならず、アフリカでもローマの許可が必要とされたのである。

今こそカルタゴは、政治的なイニシアティヴをとることができなくなった。まさしくローマの思いのままに操れる国になってしまったといえよう。スキピオは言明する。拒否したら戦争を続ける、それはカルタゴ次第だ、と。

カルタゴではハンニバルが、元老院に対してこの条件を受け入れることを説いた。それでも戦争継続を求める声もあった。ある人など、怒りの形相ものすごく、演壇にとび上がってハンニバルを攻撃する。ハンニバルの堪忍袋《かんにんぶくろ》の緒も切れた。この饒舌家《じようぜつか》を演壇からひきずり下ろす。そして静かな調子でさとす。「市民諸君よ。私は九歳の子供のときこの町を去り、今三十六年ぶりに帰ってきた。私自身のおかれた立場あるいは国家の状態が私に戦争の法則を教えてくれた。この法則はたしかによく知っているつもりだ。しかし都市とか広場（公の場の意を込めて）の規則、法や慣習については、私は皆さんの御教えを乞わなければならない」と。そしてもう一度感動的な調子で警告した。「この和平は受けるより他ない」と。元老院も民会も——ことごとくが〝将軍〟の忠告を受け入れた。

停戦。カルタゴの使者はローマに向かった。和平条約は結ばれた。ハンニバルはメガラのバルカス家の邸に退く。港の前の海上では、スキピオがカルタゴの艦船を五百隻焼き払わせている。その煙ははるかに遠くからでも望めたという。

VI　国家再建と再起への道

1　政治家として

新しい飛躍を

ハンニバルが最後の決戦に敗れたのは、前二〇二年であるが、姉婿ハスドルバルのあとを継いでスペインの支配権を受け継いでから十九年経っている。ところが彼には、この敗戦からあと十九年の余生が恵まれているのである。しかし、このあとの方の十九年の間に、ローマはイタリアから東方に立ち向かい、フィリッポスやアンティオコスを撃破してゆき、ハンニバルの死んだとき、地中海世界にはローマと並ぶ強国は一つもなくなっていた。しかも、この歴史の回転にハンニバルは全く関係ないかのようにみえよう。

しかし彼の後半生にも、またやはり注目しなければならない点が多々ある。彼は歴史の流れをはっきりと見抜き、しかも新しい飛躍をいつも試みていたのである。一体彼ほどの洞察力・構想力を持ち、また彼ほどの実行力を持っていた人が、この時代にいただろうか。たしかに政治的な新しい試みは実を結ばなかったかもしれないが。

第二次ポエニ戦争に敗れたことでもってハンニバルの役割は終わったのであろうか。彼の活動のもとになったもの、すなわちスペインも、軍隊も、二人の弟も今はない。ところが彼は、ここでかえってカルタゴ市民としての新しい道をきりひらいてゆくのであった。

幼児のときに離れたカルタゴは、ハンニバルには外国も同然であった。また戦塵のなかを駆けめぐった彼には、都市の生活より天幕の方がふさわしかったであろう。民会の駆け引きあるいは元老院の議論に対する理解も乏しかったかもしれない。市民生活のルールに詳しかったとも思えない。しかし、そういった条件を乗り越えてゆこうとする。

自分の領地は広く、物質的にはなんの心配もなかったが、所領に退いて隠遁《いんとん》の生活にはいることはしなかったのである。人に命令し、人を支配する生活をおくってきたハンニバルであった。政治家としての資質、いや人を惹きつける魔的な魅力が政治の世界でも発揮されるのであった。

将軍職を辞して

ハンニバルは敗戦後も将軍職に留まっていた。敗戦の責任をとらされてすぐ免職というのが自然であったのに、二年も将軍職を辞さなかったのである。だが、ようやくローマ側の要請で職を辞した。前二〇〇年のことである。

実はこの二〇〇年という年は、ローマにとっても転換点だったのである。ローマが対外的に積極策に転じた年であった。ポー河流域において新しいケルト戦争が起こっているばかりか、第二次マケドニア戦争が始まっている。つまりかつてのハンニバルの盟友、フィリッポス五世との戦争である。さらにそのまた東方では次の衝突の芽が生まれつつあった。それはセレウコス家のシリアの大王、アンティオコス三世の勢力の伸長である。

ハンニバルがこのチャンスをつかまえはしないか。フィリッポス、あるいはアンティオコスと結ぶのではないか、とローマ元老院の不安はつのる。そのときハンニバルは退職させられたのである。

もっとも職を辞しても、決して隠退生活にはいったわけではない。自分の大所領に引きさがらない。メガラのバルカス家の邸は、やはり相変わらずバルカス－グループの中心だったのである。彼はずっと政治の中枢部に位置し続ける。

百人会はたしかに敗れた将軍を法廷に引き出して、十字架にかける権限を持っていたが、敗戦直後も、そして今もそうはできなかった。反バルカス家の仲間のあいだに噂が飛びかっていた。「カンナエのあと彼がローマを衝かなかったのは、戦闘のあと戦利品から巨額のものを横領していたからであり、戦争が終わり、多分陰謀が発覚する前に、戦利品を安全なものにしようと思ったのであろう」と。それにもかかわらず反対派としても告発できない。それは、大きな危険があったからである。バルカス家が民会を掌握していたこと、民衆のために尽くしてきたこと、そうしたことが反バルカス家の行動にブレーキをかけたと思われる。

バルカス家と反バルカス派の対立は根深く、その歴史も古いものがあった。文官と武官の伝統的な対立にまで遡るものではあるが、そこまで言わなくとも、傭兵の叛乱のときのハミルカルの台頭以降第二次ポエニ戦争を通じて反目は続いてきたのである。とりわけかつてハミルカルに本国から離れたところに活躍の舞台を与えた反バルカス派も、今はハンニバルにそれを付与することができない。争いは町の内でくすぶり、燃えてゆかざるをえない。

ハンニバルと反ハンニバル派の対立は、民会対元老院の対立でもあったが、今は戦争中の出先と本国それぞれの行動の是非の反省あるいは批判ともなって前面に出てくる。スペインでのハンニバルの勝手な行動が戦争をひき起こしたのだとするハンニバルの政敵の非難、それに対して当時の行動は本国政府からの承認の下に行なわれたという反論、続いて戦争中の本国政府の態度に対する批判にまでハンニバルの抗弁は発展する。

ともかく、一般の人たちにとっては、まだ不敗の将軍のイメージは根強く残っていた。反対派も告発には踏み切れない。やはり、大衆の期待の目はこの人に注がれていたのである。この暗い現在から明るい将来への道を、ハンニバルの方も示さねばならなかった。

改革への端緒

和平条約で決まったローマへの賠償金の第一回目の支払いが、前一九九年に行なわれた。

ところがそれを調べたローマの財務官は、銀が規定量より四分の一すくないのを発見した。どういう風にして分析したか、興味があるがここでは触れない。このスキャンダル事件、それもたしかに問題であるが、やはりその背後の問題、つまり目下《もっか》の最大の問題は経済問題とくに財政問題であるということを、ハンニバルはみてとったのである。戦争中も財政問題に十分に気をくばっていた彼である。

行政長官としてのハンニバル（1410年頃のミニアチュール）　王冠を授けるという形をとる。

財政問題といっても、とくに納税の問題が焦眉《しょうび》の急を要した。納税機構がしっかりしておらず、服属者からの貢納および徴税がルーズだったのである。カルタゴの国勢が隆々としていたとき、海外に支配領域を持ち、大いに商業活動の可能だったときならば、それでもよかった。しかし前二〇一年以降、情勢は一変したのである。海外に支配領域はないし——スペインの銀だけでも大変なものである——、国庫は疲弊《ひへい》しているのに、定期的にはいってくるものも減っている。

しかるに統治者階層には、抜本的な変革など思いもよらない。ただ税額を高め、これまで直接には税に関係なかった一般市民層にも重い負担をかけねばならない。これは庶民層の不満をかきたてたに相違ない。ここにハンニバルが改革者として登場し、新しい解決策を示す場が生まれた。彼は広い層の支持を受けて、前一九七年に、翌一九六年のスフェス（行政長官）に選ばれたのである。

しかし、ここで今一度、ハンニバルが政界の前面に出てきた国際的な背景を考えてみなければなるまい。

一九七年、ローマのティトゥス＝クインクティウス＝フラミニヌスが、マケドニアの重装歩兵陣をキュノスケファライの戦いで破っている。マケドニア王・フィリッポス五世つまりハンニバルの盟友は、ローマと和平を結ばざるをえなかったのである。一方、今一人のヘレニズム世界の英傑、シリアのアンティオコス三世は、マケドニアの敗北によってローマと対決することになる。セレウコス王国は東地中海世界最大の強国の一つであった。戦いに敗れ、うちひしがれていたカルタゴにも、ここに一つの新しい展望がひらけてきそうになっていたのである。

貴族政体制への一撃

スフェスに選ばれたハンニバルは、国制改革に立ち向かうことになった。同僚のスフェスの名は分からない。彼の党派仲間であったと推定してよかろう。王の名も分からないが、多分ボミルカルつまりハンニバルの姉の夫で、彼の下級指揮官のハンノ＝ボミルカルの父であったと思われる。スフェスとは最高の行政官であるが、同僚制と一年任期制のため、その権限はかなり限られたものとならざるをえなかった。それ以上に、この職が実際は貴族層から選ばれることによる限界の方が大であった。彼らは身分的な利害を代表し、元老院や百人会のために働いていたというのが、これまでの実情だったのである。

ところが、ハンニバルは、支配層から離れたところで権力の基盤をつくり上げ、民衆から全権を委ねられ、したがって貴族の思いのままには動かなかったのである。ともかくハンニバルは、ことを進めるに当たり、元老院と百人会の強力な反対を覚悟した。だが、スフェスと元老院との間に意見の不一致・対立のあるときには、決定は民会に委ねるという原則があったのである。つまり民衆を味方につけておく限り、自分の意志で国家を動かすことができるわけであった。ハンニバルは、右の原則を十二分に利用する。

ハンニバルの国制改革の目標は、次の三点にしぼることができる。第一が、民主主義的な精神にもとづいた国家の変革、つまり具体的には貴族支配の打倒であり、第二が、金銭的な腐敗堕落の是正であり、第三が財政組織の改革――これは賠償金問題と結び付く――である。

ところが改革に踏み出す彼に対して、予想通り古い貴族の猛反対が巻き起こった。その先頭に立ったのが財務担当官であり、この人は強硬にハンニバルに抵抗する。同身分の人たちの支持を恃《たの》んでいたからである。ハンニバルの攻撃はこれに集中する。

今や百人会が反ハンニバル的な旗幟《きし》を鮮明にする。ハンニバルも一歩を進めた。民会に新しい法案を提出する。百人会議員は毎年選出されるべきこと、二年続いてその職を占めてはならないこと、というのであった。これは終身官だった百人会議員にとっては挑戦であり、決定的な変革を意味した。数百年と続いてきた寡頭政の牙城《がじょう》を、根底から揺るがすものであった。無血の革命といっても過言ではない。実質的にはハンニバルの仲間によって、最高の裁判官的権限をもった百人会が占領されたのである。ここでハンニバルも改革をもう一歩進めるのであった。

無血の革命――たしかにハンニバルは、あの不幸なるハスドルバル（ギスコの子）を犠牲に供したように、狂気にかられて民衆が動くのを避けたのである。ここには彼の側近のスパルタのソシュロスの指摘・示唆が働いていた、ととる学者もいる。つまり、五人のエフォロス――スパルタ的寡頭政の荷い手、アリストテレスは百人会の権限と並記している――に対するクレオメネス三世のクーデターについても、このソシュロスから知ったと思われる。なるほどクレオメネスはエフォロス四人を殺させはしたが、はじめはうまくいった試みも挫折し、結局エジプトに亡命者として逃れざるをえなかった。このことを教訓として、ハンニバルは身に沁《し》みて感じていたことであろう。カルタゴ貴族は、救いの手を外、つまりローマに求めているが、その点は後に触れることにして、今はハンニバルの改革を追ってゆこう。

財政改革

今こそハンニバルは自由に財政改革に立ち向かう。とくに歳入・歳出に十分な監視の目を光らせ、納税システムの整備を図ったのである。これは、ローマに対する賠償金支払いをスムーズに行なうためであったが、なによりも古くは税負担がなかったのに、和平条約締結後、税として重くのしかかっていた一般市民層の負担を軽減することになった。新しい税は有産者層だけにかかることになったからである。前一九一年に未払いの賠償金を支払うことができたという史料は、たといこの伝えを否定する論者、ハンニバルの財政改革との関係を否定する見解があっても、やはり関係ありといわざるをえないものがあるように思われる。

さらに財政改革と並ぶ、いやそれと関連する彼の業績として、商業の振興をあげることができるのではなかろうか。和平条約によって閉ざされていない道をとっての輸出、植民、資源獲得のためのルートの開発である。

ハンニバルの失脚

もちろんハンニバルの急進的な政策は、反対派すなわち反バルカス派の強烈な反対を生んだことはたしかであろう。この反目は、実は国際的な広がりをもってゆくのである。

対マケドニア戦争によってローマの力は東方にのびてきたのに、一方、カルタゴは弱国に顚落《てんらく》してしまっている。ところが、前一九五年はじめに、カルタゴの貴族の代表がくりかえしローマの元老院で懇願《こんがん》している。カルタゴには暗雲が垂れこめている、それを吹き払ってほしい、と。

一方、シリアのアンティオコスが、小アジアおよびトラキアのローマの関心の強い地域に攻め込んでおり、ローマと東方の強国との衝突の芽がふくらんでいる。しかも、カルタゴすなわちハンニバルとこのアンティオコスとの間に、秘密の反ローマ協定が結ばれているらしいという訴えがローマになされた。この協定の信憑性に関しては種々の論議があるが、カルタゴの母市テュロスの長との公的な手紙のやりとり、アンティオコスとの秘密の関係が、ハンニバルのもとで展開していたと推定することもできよう。秘密協定もあながち根拠のない作り話とはいえないものがある。

さらには西方ではスペインの部族が、新しいローマ支配に叛旗をひるがえし、一九五年の執政官カトーが二人の法務官と共にスペインに赴いている。

ここに物情騒然《ぶつじょうそうぜん》たるカルタゴが加わる。ハンニバルの名前は、ローマ人には苦い思い出があったのである。彼が反対者をおさえて昔日《せきじつ》の力を取り戻したら本当に大変であった。実はカルタゴ貴族とローマ貴族の関係は、カルタゴ敗北後ぐんと深まっていたのである。カルタゴのあの人質貴族が、ローマで「教育」を受けていたばかりでなく、捕虜になっていた若い貴族が身代金の支払いなしで返されるなど、両国の貴族の関係は良好であり、カルタゴ貴族の反ハンニバル的な訴えも、ローマ元老院で素直に受け入れられたのである。

そこで、一九五年夏のはじめ、ローマの使者がカルタゴにやってきた。公的にはカルタゴとマッシニッサの争いの調停のために、というのである。和平条約によって、カルタゴはローマ元老院の許しがなければ戦争することはまかりならぬ、ということになっていたからである。しかし実際は、ハンニバルが国家の長としてアンティオコスに戦争を説きすすめようとしたこと、つまり和平条約を侵害したとして、彼を弾劾《だんがい》するためであった、と推定される。

使者はカルタゴ問題の権威であったから、ハンニバルがいかなる人物か、どういう資質・影響力を持った人物であるかをよく知っていたのである。狙いはハンニバルの追放であった。地中海世界全体の現状を考え、事態を逆転させるためには、ローマとしてはカルタゴの貴族に与《くみ》する必要があったのである。

ではハンニバルは？　大衆はたしかに自分についている。しかし、貴族との対立をこれ以上激化させるつもりはなかった。自分がこれ以上カルタゴにあることは、外からの干渉を大にする、国家カルタゴのためにはならない、ということを悟ったのである。自分の政治的生命のみならず、生命そのものも問題となる。とすれば、結論は明らかであった。カルタゴを去ることを決心した。

ある夜ひそかに、町を出る。二〇〇キロの道、馬を乗り継ぎつつタプススの近くの自分の土地に赴いた。そこに一隻の船を用意させていたのである。ハンニバルは船でアフリカをあとに東方に向かった。目ざすのはカルタゴの母市テュロスであった。

船頭たちは、もちろんこの片眼の人物が誰であるか知っていた。好奇心と畏敬のいりまじった目に囲まれていた。あらゆる質問を避け、きっぱりという。「自分はテュロスに使者として向かうのだ」と。

ハンニバル退去後のカルタゴでは、古い貴族が再び力を取り戻した。バルカス家の支持者は力を失った。ハンニバル帰還の望みは、今はもうなかったからである。ハンニバルの改革のうち生き残っていったのは、ほんの一部にすぎなかった。ただ財政改革だけは、はっきりした実を結んでゆく。賠償金の支払いはスムーズにいくのであった。

2　東方での再起を目ざして

亡命の目的地

亡命後のハンニバルについては挿話的な伝えにはこと欠かないが、一体どこまで信じられるか問題である。話の底に閃《ひらめ》くもの――逸話の創作者としてのローマ人の思い――を読みとればよかろう。

ハンニバルは故国をあとにした。彼を失脚・顚落させたのは、カルタゴ貴族ではなくローマであった。ザマ以降西地中海の覇権を握っていたローマに対して、カルタゴとしてはハンニバルに関して何の手の打ちようもなかった。彼がカルタゴに戻れるかどうかは、ローマ元老院にかかっていた。ローマをして彼を帰さざるをえなくする――地中海世界の力関係を変えることが、自分の帰還の成否にかかわってくるのである。これからの彼の努力目標は明らかであった。ところでこの冷静で明晰《めいせき》な人物が、果たしてそのような情勢の転換を本当に可能なことだと思っていたのであろうか。しかし、そういう期待を抱かねば生きてゆけないし、その狙いも決して砂上《さじょう》の楼閣《ろうかく》的なものとはいえなかった。

それにはやはり当時の国際情勢を考えてみなければならない。ここにクローズ-アップされてくるのが、シリアのセレウコス王家のアンティオコス三世である。エジプトとマケドニアの後退後、シリアが東方の指導勢力になっていた。支配領域は、はるかにローマに優っていたのである。アレクサンドロスあるいはペルシア帝国の領域の大半を支配していた。ボスポロスから西アフガニスタン、いやヨーロッパのトラキアからペルシア・インドの国境まで、シリア人、フェニキア人、さらに半ヘレニズム化した部族から全くの蛮族までを支配し、ペルシア風に大王と呼ばれているのであった。その富といい人口といい、大変なものがあった。以上のことをふまえて、ここからローマに向かって発言すること、自己を主張することができるという風にハンニバルがみてとったのもうなずけよう。それがハンニバルの亡命の方向、究極の目的地を決めたのである。

ハンニバルとしては、自分のプランのために王を手に入れること、いやシリアの政策を自分の狙う方向に転じさせること、こうした類いのことならできると思ったのであろう。そこで、まずテュロスに向かった。

アンティオコスのもとに

船はカルタゴの母市テュロスに着いた。アレクサンドロス大王が長い包囲の末占領、処罰した町である。メルカルト神殿を擁した聖なる町は再建されており、全フェニキアの人に知れ渡ったこの人物を恭《うやうや》しく迎え入れた。ハンニバルは忠告と助言を受けたが、彼は、テュロスがカルタゴと東方のかけ橋であることを知った。セレウコス家の現状についての知識を得るとともに、カルタゴに向かう沢山の商人を通して故国と連絡をとることができた。この結び付きを、次の段階でもっと拡大するのであるが、差し当たりはアンティオコスと会わねばならなかった。

テュロスから、彼はアンティオキアに赴いた。ここには王子セレウコスがいたが、アンティオコス三世は、小アジア西部の町エフェソスにあったので、ハンニバルはさらに旅を続けなければならなかった。

ついにハンニバルは、エフェソスでアンティオコスに会ったが、このヘレニズム世界の王者は教養豊かな人物で、愛想《あいそ》は良いが、不安定でデカダン的なところもあった。敬意をもってハンニバルを迎え入れた。全世界に名の知れた人物だったからである。そのような人が自分の懐に亡命者としてとび込んできたことは、王の名誉心をくすぐるものがあったにちがいない。王はハンニバルとアレクサンドロスの偉業を讃美し合う。

ハンニバルの提言

ハンニバルは賓客《ひんきゃく》として敬意を表されはしたが、なんら具体的な課題、果たすべき仕事は授けられなかった。アンティオコスは、彼を軍事的助言者、いや軍指揮官にすることはできたかもしれないが、そうすれば明らかにローマと問題が生ずるにちがいないし、ローマと事を構えるのが良いか悪いか、すぐには結論が出せなかったのである。もっとも彼の宮廷に、このフェニキア人に対する人種的偏見があったのかもしれない。

アンティオコス三世

　また一方ハンニバルも、自主独立的な気持を持っていたと思われる。王といえどもかつては自分と同等のパートナーだったのであるし、彼に奉仕するためにではなく、失われた力を回復するため――そのために王の助力を求めて――にエフェソスにやってきたのである。

もちろん、ローマとの戦争にはいったらどうすべきかは示している。彼は提言する。完全に荒れているギリシアを戦場にするのではなく、イタリアのローマ人を討つこと、つまりセレウコス家の職業軍人を歩兵一万、騎兵一千、南東イタリアに送るべきこと、を。ブルンディシウムの地方に上陸し、ルカニアおよびアプリアで同盟者を整備かつ動員したかったのである。しかし、このプランは実現性の乏しい向こう見ずのものであった。この遠征軍は、まず船に乗せてエピルスに向かわせねばならないからである。ところがセレウコス家はアンティゴノス家と同じように、艦船や海軍に重きをおいていなかったのであった。

アンティオコスの狙い

ではハンニバルを迎え入れたアンティオコスは、その頃いかなる方向を目ざしていたのか。そしてそれが、ハンニバルの狙いとどう嚙み合うのか。エジプトの力の失墜、マケドニアの敗北によって、実はエーゲ海には政治的な空洞《くうどう》状態が生まれており、ローマにもアンティオコスにも平等にチャンスが生まれていたのである。前一九六年のフラミニヌスによる「ギリシア人の自由」の表明、その背後には明らかにローマの政策の方向が秘められていたといえよう。

どうしてもローマとセレウコス家との衝突は避けがたく思われた。マケドニアやエジプトの放棄したトラキアおよび小アジア西部の地を占領するため王が一歩踏み出したので、ローマの使節が抗議した。一九六年秋のリュシマケイアの会議で両者の主張のくいちがいがはっきりする。しかし、そのときでもローマとしては、アンティオコスがもう一歩進める可能性があるとは思わず、抗議という段階で打ち切ったので、王はむしろ今までの政策を推し進めることになった。もっとも王が必ずしも戦争を望んだとは思えない。将来様々な交渉をするためのバックとなる事実を樹立してしまうというのが狙いだったと思われる。さらに自分の立場を強化することによって、周辺の諸国へのにらみを利《き》かせることも大きかった。

アンティオコスの婚姻政策

ここでアンティオコスの婚姻政策が展開される。カッパドキアの王アリアラテスを獲得したのは、自分の娘の一人をこれにめあわすことによってであった。かくして小アジア東部にも力をのばすことができた。

もっと重要なことはエジプトとの関係を正常に戻したことであるが、これもまた婚姻政策によるのであった。もう一人の娘クレオパトラを若年の王プトレマイオス五世エピファネスと結婚させたのである。姉弟婚の慣習のあったプトレマイオス家にとってはまことに異例なことであり、エジプトの中立政策は大いに揺らいだ。これはまた直接ローマを牽制《けんせい》することにもなった。アレクサンドリアの宮廷におけるローマの外交使節の活躍舞台をせばめたからである。

これだけに留まらず、ローマと結んでいる国家に対しても婚姻政策が進められる。相手はペルガモンのエウメネス二世、つまりローマの同盟者に、セレウコス家の王女を結び付けようとしたのであるが、これは失敗に終わっている。エウメネス二世は政治家としても優れ、芸術の保護者としても知られた人物であったが、この婚姻政策に乗せられなかったのである。

しかし実はこのような一連の政策の環のなかにハンニバルも組み込まれていたといえよう。というよりハンニバルが一枚嚙んでいた、というべきであろう。

ハンニバルの狙い

ハンニバルがアンティオコスの助力でカルタゴに戻り、力を取り戻せたならば、カルタゴは必ずや、王の同盟国になるであろう。このことは、王もハンニバルも見通せた。ここで雄大なプランが完成する。小アジア・シリア・エジプトからカルタゴまで、いやさらには今蜂起中のスペインまで、ローマを取り囲む態勢が確立するのではないか。

もっとも本当にアンティオコスがここまで見通していたかどうかは、やはり問題であろう。しかし、ハンニバルには、かつてもこうした類いの策の展開がみられたのである。それは、あのカンナエ以降の彼のプランである。もちろん両者に差はあるにしても、決して新しいもの、荒唐無稽《こうとうむけい》のものではなかった。

前一九四年、ハンニバルはエフェソスでテュロスの一商人を知った。アリストンという。この人物はカルタゴとの商取引に従事していたので、ハンニバルは故国の党派仲間との連絡を取り戻し、自分の帰国の準備をさせるのに恰好《かっこう》な人物であると思い、この人物を使うことにした。アリストンも承諾し、ことは秘密裡にはこんだ。しかし彼の使いは、裏切りによって失敗した。どうやらスフェスの下役の手を逃れることはできたが。

カルタゴでは、今、反動の嵐が吹きまくっていたのである。ハンニバルの名前をあらゆる記録から抹殺《まっさつ》しようとしていた。当代最高の将軍が、ただ敵からだけでなく祖国からも、つまりローマからだけでなくカルタゴからも締め出されていたのである。

しかし、それにもかかわらず、ハンニバルの狙いが決して荒唐無稽とはいえなかったのは、やはり当時の国際情勢を考えるからである。一九四年。スペインも北イタリアも揺れていたし、ローマとシリアも一触即発《いっしょくそくはつ》の状態だった。それに加えてギリシアも乱れている。とくにアイトリア人が不満を抱き、次第にセレウコス家に身を寄せてきた。マケドニアの王に対するための助力をローマに求めていたのに、拒否されたからである。フラミニヌスはアカイア同盟と盟約を結んだので、アイトリア同盟としては、自分たちにギリシアの宗主権が与えられないことは明らかになった。

一九四年には最後のローマの守備隊がギリシアから撤退している。

ローマの力は、今やその可能性の限界点に達している。アンティオコスとしては、トラキアおよび小アジアの係争の地の主張を認めてもらえるのではないか、と思った。

ハンニバルの狙いは、このような国際情勢をふまえた上でのことであった。すくなくとも、先に述べたハンニバルのプランにもとづいてのイタリア進撃の場合、艦隊を委ねる、ということについての了解はできていたと思われるが、アンティオコスはまだぐずぐずしている。やはりアリストンを通しての対カルタゴ工作が失敗に終わったからであろう。

アリストン派遣と同じ頃、アンティオコスの使者がローマに向かっている。トラキアおよび小アジア問題の解決、友好関係樹立のためである。だが一九三年春、帰還した使者のもたらした返事は色よいものではなかった。

ところがなんとか公然たる決裂は避け、小アジアに使者を送るようにローマを動かした。次第に決断すべきときが近づく。ハンニバルのプランを？　それでも、まだ踏み切れない。成否に確信を持てなかった、いやローマとの関係をこれ以上悪くしたくない、というのが本音であろう。

しかも、ギリシアを固めることの重要さ——シリア王国へのローマ軍の攻撃が、ここから行なわれるのは確実だったからである。ここにアイトリア人の将軍トアスが、亡命者ハンニバルより確実で優れた援助の約束をしたのである。ハンニバルは、しばらく背景に退くことになった。

ローマの使節との会見

ウィッリウスを長とするローマの使者が派遣されたが、それは、あらゆる主張をひっこめるのが平和のために必要である、ということを大王に示すためのものであった。このとき大王はアパメイアに移り、そこから小アジア遠征に向かっていたが、ハンニバルはエフェソスに留まっていた。前一九三年春ローマをたった使節は、大王のもとに向かう途中、エフェソスに滞留する。このとき、実はローマの使者とハンニバルの会見が実現している。

使節のなかに大スキピオがあって、ハンニバルと議論したということになっているが、これは明らかに創作といえよう。彼は当時ペルガモンからほど遠からぬエライアでひどく病んでいたと思われるし、リウィウスの両者会見の記事はフィクションというべきであろう。

大スキピオの話はともかくとして、ハンニバルがローマの使者に会ったということ自体まことに驚くべきことであるが、対話が数日間続いたというのはもっと大変なことであった。もちろん話の内容は分からない。すべて想像の域を出ない。人があとで推察するように、ローマ人がハンニバルと和解しようとしたかどうかは不明であるし、またなによりもなぜこんな会見ができたのかも分からない。

すくなくともハンニバルがローマの態度・姿勢にさぐりをいれ、同時にカルタゴ側から自分に向かって行なわれていた非難および告発の声を無力なものにするチャンスとして利用しようとしたことはたしかであろう。ところが期待通りにはならなかった。むしろ王をして、ハンニバルは自分の背後で、勝手にローマと交渉していると思わせることになったとしても無理はなかろう。しばらくハンニバルは遠ざけられてしまう。王がどうこうしたというよりも、宮廷で「フェニキア人は油断ならない。彼は今ローマの使者とうまい取り引きをした」という声がささやかれ、さまざまの噂が飛びかう。

これに対してのハンニバルの返答が、あの九歳のときの宣誓（本書四四頁以下）の話である。これまた必ずしも信憑性の批判に堪えるとはいえないが、話としてはこのように繋がるのである。

再び建言

ハンニバルは、この後しばらくシリアの政策と直接の関係を持たなかった。アンティオコス自身はアイトリア同盟のトアスの声に耳を傾け、シリア・アイトリア同盟、およびそれと関係ある手段、つまりギリシアに対する干渉政策を推し進める。

ハンニバルは冷静に事態の推移を見つめていた。アンティオコスには、戦争にはいるための地固め、外交的・軍事的準備が不足している。たとえばペルガモン、ロドス、アカイア同盟がローマと鞏固な同盟を結んでいるのを切り崩そうともしないし、またマケドニアが離れている。今まであらゆる場合に、外交的・軍事的に尽くせるだけの手を尽くして、ことに乗り出したハンニバルにとっては、まことに歯がゆかったことであろう。

前一九二年秋、王は兵を率いてギリシアに渡り、同年の冬、陣営をテッサリアに移し、デメトリアスで軍会が開かれた。ハンニバルも列席する。諸将綺羅《きら》星の如く並び、そのなかにトアスもあった。とくにローマのことも、セレウコス家のことも、ましてやハンニバル、カルタゴのことなど全く関心なく、ただアイトリア人とアカイア人の対立だけしか念頭になかったトアスである。

ハンニバルは、もう一度自分のプランを示した。イタリア上陸作戦、持論である。

準備不足を非難して、自分の意見を吐露する。マケドニアのフィリッポス五世と同盟を結んで、ローマ軍のギリシア西海岸上陸を阻止すれば、見通しは明るいだろう、と。そしてローマの中枢部を衝くという古いテーゼにより、イタリアに逆に上陸する、一方、王はハンニバルの遠征が成功したら、イタリアに渡るため、主軍および艦隊を率いてビュッリス（今日のアルバニアの地）の広い出撃地を保持すること。フィリッポスを同盟者とすることができなかったら、王子セレウコスがトラキアを大軍で占拠すべきこと、つまりマケドニアとローマとの同盟を妨げるために。以上であった。

ところが彼のプラン遂行のためには、艦隊がなかったのである。軍事会議ではハンニバルの案より王が全力をもってギリシアで作戦を展開すべきだというトアスの案が勝った。そこでハンニバルは、艦隊建設を引き受け、シリアのフェニキア人の港町で水夫や船を集めるということを申し出た。

シリア戦争始まる

ハンニバルの助言も空《むな》しく、ローマの介入前にアンティオコスはなにも手を打つことなく、戦争に突入する。アンティオコスは、すでにギリシアに兵を進めていた。アンティオコスは新しいロマンスにも心を奪われる。相手は美しいギリシアの娘。王はポントス王の娘を娶《めと》っていたが、側女ならばヘレニズム世界の宮廷にもみられた。ギリシアの安寧《あんねい》よりもむしろこの女性の獲得に力を尽くすことになる。

ついにローマ軍の介入となる。アカイア同盟の支持、さらには立派な艦隊を擁したロドス、またペルガモンのエウメネス二世もこれを助ける。

一方、この間ハンニバルは、フェニキア人のもとに送られ、エーゲ海で活躍するシリア艦隊の強化のため、そこで船を集めている。たといテュロスと彼との密接な関係があったとはいえ、陸上戦闘で令名を馳せたハンニバルにとっては、この仕事は妙なものであった。多分、彼がカルタゴへの作戦のために準備し、特に思いのままにできた船——それがあったとみるべきであろうが、これとて推測の域を出ない。

大王は前一九一年大軍を率いてアカイア同盟の地に進んだ。あの有名なテルモピレーで、ローマの執政官マニウス＝アキリウス＝グラブリオに完全に敗れた。このときタレントゥム奪取、メタウルスの戦闘で赫々《かっかく》たる武勲をたてたカトーは、包囲作戦を展開、背後から王を取り囲んだ。戦闘後、小アジアに戻れたのは、ギリシア侵入軍のうちのほんのわずかにすぎなかった。

一九〇年秋、ハンニバルは、フェニキア人の地から三十七隻の船を率いて、西方に向かったが、小アジア南海岸、シデの町の近く（エウリュメドン河口）でロドス艦隊と衝突した。セレウコス家の艦隊司令アポッロニオスの率いる右翼は敗れた。ハンニバルの指揮する左翼は敵をおさえていたが、右翼の敗北にひきずりこまれ、撤退せざるをえなくなった。ロドス艦隊は、ハンニバルの指揮する艦船を小アジア海岸のメギステの港に封鎖してしまった。ハンニバルの役割は終わったのである。

この年ローマ軍は小アジアに上陸したが、遠征軍の指揮をとったのは、ザマの英雄大スキピオの弟、ルキウス＝コルネリウス＝スキピオだった。大スキピオの姿もこの陣中に助言者としてみられた。また遠征軍の軽装騎兵の指揮をとったのがムッティネス、かつてのハンニバルの信頼厚かったリビュア－フェニキア系の人ムッティネスである（本書一四四頁以下参照）。

大スキピオは軍会でいう。ハンニバルのいるところに平和はない、と。テルモピレーの実質上の勝者カトーの有名な句「カルタゴ滅ぼさざるべからず」を想起させる発言である。

リュディアのマグネシアの近くのシピュロス山の麓で、アンティオコスは決戦を展開した。できうる限りの兵を動員し、ヘレニズム、アシアの戦争技術および道具のすべてを駆使した。象隊、戦車、ラクダなど。しかし統一のとれていない軍隊は、ローマの正規軍団兵の敵ではなかった。戦いは大敗北に終わり、王は、二、三の家臣を引き具しただけで、殺戮《さつりく》の場からようやく逃れた。

実は、この二ヵ年間、王はハンニバルの助言を徴しなかったし、ましてやこのマグネシアの決戦にはハンニバルの姿はみられなかったのである。

しかし、この場合、ハンニバルに、警告の使いを送り届けたという点、王も騎士的な人物であったとはいえよう。「戦争は負けだ。ローマ人は和平締結の際、きっとハンニバルの引き渡しを求めるだろう」と。

王族のアンティパトロスが、かつてのリュディアのセレウコス朝の地方長官と共に、和平交渉を引き受けた。ローマ側は、ハンニバルとトアスの首を求めた。前一八八年のアパメイアの和ではそれが再度はっきりと求められる。ところが実はマグネシアの戦い後すぐに、再びハンニバルの逃避行が始まっていたのである。

ゴルテュンへの逃避行

ハンニバルには最後の逃避行が始まった。小アジアから次の滞留地として選んだのは、クレタのゴルテュンであった。これから後のハンニバルには、逸話は多いが、真実はますますもやに包まれて分からなくなる。

二、三の忠実な家臣、裸金、家神――そのなかで最も大事なのは、ガデスのヘラクレス像――をかかえただけの旅であったという。ヘラクレス、それはガデスのメルカルトである。有名な彫刻家リュシッポスの手による食卓の飾り台で、まなざしが天上を向いたヘラクレスつまりメルカルトがそれに坐していた。フェニキア的な信仰の伝統とギリシア的な手法の作品。この彫刻は、のちにスッラの蒐集品のなかに再び現われるという。

クレタ島は、逃亡奴隷・犯罪人・海賊の集まるところ、しかも戦いの地から離れていたし、なによりもローマの力が直接には及んでいないようにみえた。セレウコス家とローマとの和平条約にも、この島のことは触れられていない。

この島のハンニバルに関しては、すこしまゆつばな話が伝えられている。ハンニバルは、貪欲なゴルテュン人から、自分の最後の現金を護り抜かねばならなかった。一計を案じた。アルテミス神殿に宝の壺を恭しくあずけた。自分はゴルテュンの町、神殿を信用している、といって。ところがそれは鉛で一杯にし、薄い金や銀を上にかぶせておいた。一方、自分の金は青銅の神像のなかにかくす。ハンニバルに欺かれた町役人は、日夜神殿を注意深く監視していた。亡命者がまた逃げてゆく際、この宝の壺を持ち出さないようにと。このようにして自分の財産を護り抜くことができた、というのである。クレタ人はうそつきで貪欲であるとみなされ、あまり尊敬されていなかったことを踏まえた話である。前一八九年、ローマの法務官ラベオがクレタに上陸した。ゴルテュンと他の町の争いを調停し、クレタに奴隷として売られてきたローマの戦争捕虜を見張るためというのであった。そういった連中は、四千もいたのである〔数は誇張か〕。ゴルテュンはローマに色目を使い、ハンニバルを引き渡そうとする。彼はお尋ね者だったのである。

コーカサスに

ハンニバルはやはりゴルテュンを去らねばならなかった。直接ビテュニアに赴いたという伝えもあるが、現代のある学者は次の点をあげてこれを否定する。つまり前一八九〜一八八年はアパメイアの和の前、とすると小アジアはまだ揺れている。ペルガモンのエウメネスとの関係を考えても、ハンニバルを受け入れたらどうなるか、火を見るより明らかであった。ハンニバルはアルメニアの王アルタクシアスの宮廷に向かった、という説の方が、信用できる。アルタクシアスはかつてアンティオコス家に臣従していたが、今は自立しており、ローマとアンティオコスとの協定、つまりアンティオコスのために闘ったあらゆる外人の引き渡し条項には関係なかったし、なによりもローマの勢力圏のかなたにあったからである。ところでどのような危険を切り抜けてクレタを脱したか、どのような艱難辛苦《かんなんしんく》をなめて、はるかコーカサスまで達することができたか。史料はなにも語らない。

ハンニバルは、アルタクシアスに対して、アラクセス河畔にアルタクサタを建設するよう助言し、その最初のプランをつくったといわれている。

ビテュニアに

アルメニアからハンニバルは、小アジア北西部のビテュニアのプルシアス一世の宮廷に赴いた。プルシアス家は半ヘレニズム化していたが、ビテュニアは森の多い山地、住民はギリシア化していなかった。

プルシアス一世は暗い不愛想な人物であるが、隣国のはるかに文明化していたペルガモン王国と争っていたのである。その際、ローマ自体とことを構える、いや戦争にはいることは慎重に避けてきた。シリア戦争では中立を守ったが、ポントスの一つの砦を攻囲している最中、投石機の石に当たってひどく足が不自由になり、その冷たい性格をますます依《え》怙《こ》地《じ》なものにしていた。また、カンナエの戦い後、ハンニバルとの関係を求めたこともある。王妃がマケドニアの王の妹「いかなる姻戚関係にあったかは諸説ある」だったからである。その頃ビテュニアの海軍が、義兄フィリッポス五世をギリシアおよびアドリア海で援けているが、やがて

プルシアス一世

こういった冒険から手をひき、フィリッポス五世およびアンティオコス三世とローマとの戦争に巻き込まれなかったため、ローマからビテュニアの不可侵性を保証してもらっていたのである。

そのプルシアス一世が、この有名な亡命者を受け入れたのはなぜか。そこには小アジアの情勢の変化があったのである。前一八八年にローマはビテュニア、ペルガモン、ガラティアの間の地フリュギアーエピクテトスをペルガモンのエウメネスに約束した。プルシアス王はこれを認めず、ペルガモンとの戦いにはいったのである。プルシアスの問題としたのは、ただこの地域のことだけでなく、ローマの定めた秩序であった。王は周辺諸国に助けを求めた。ガラティア人が味方し、ポントス王ファルナケス、マケドニア王フィリッポスが好意的中立を保った。

ハンニバルがプルシアスのもとに着いたのは、ほぼこのときである。差し当たりはローマのことは考慮する必要なく、むしろ周辺諸国に対して、自己の威信のために、この高名な将軍を有することが意味を持ったのである。また仇敵ペルガモンのアッタロス家に対して、どうしても有能な将軍が必要だったのではあるまいか。

プルシアスの宮廷、いやこのビテュニアにおけるハンニバルに関しても、相変わらず逸話は多い。もちろん信用できるかどうかは別である。その一つ。

ペルガモンに対する闘いの前、犠牲を捧げたところ、不吉な徴候があらわれたのに対して、プルシアスに「貴方は一片の犢《こうし》の肉を信ずるのか、それとも年とった将軍をか」と。先のアルタクシアスのもとでのアルタクサタの建設と同じく、史料は異なるが、ここではプルサをたてたという。もちろん真偽《しんぎ》のほどは分からない。

最後の試み

プルシアスのもとでのハンニバルの外交的・軍事的な活躍はなかなかめざましいものがあった。

外交上の助言者として、彼はケルト人の間に同盟者をつくってやった。つまりガラティアにはいっていた人たちである。またマケドニアの義兄の宮廷との関係もつけてやっている。そして、今こそ、彼の最後の外交上の試みがくりひろげられる。

彼はロドスの人に手紙を送った。海上での古い仇敵、ローマの忠実な同盟者、ギリシア都市国家の最後の強力な国、ロドスである。ローマに対して、あらゆるギリシア都市の先頭に立つべく、ロドス人を焚《た》きつけた。ローマは全ギリシア人の自由を脅かしているのだから、と。そして具体的には前一八九年のガラティア人に対する執政官マンリウス＝ウルソの遠征を記し、あのときなんとローマ人は残虐であったか、ローマ人のいう自由は嘘だ、と説いている。ロドスとペルガモンの関係が、様々な領域的係争のため問題となっていたからこそ打てた手である。反響はどうだったか。否定的である。

なるほど彼の試み、スケールは今までのそれとは比べものにならない位せまいし、直接ローマを脅かしたとも思えないが、ともかく、同盟作戦の展開であったことにまちがいない。アパメイア以来のローマの支配に対する反対の気運の胎動を感じとり、全力を尽くしたのである。今、口火をつけられた反ローマ的な動きは、しばらく後に爆発するのであった。ただ差し当たりはローマの勝利――キュノスケファライおよびマグネシア――の印象が厳しすぎてどうにもならない。

それでもペルガモンとの戦闘には一肌脱ぐのであった。海戦指揮の訓練は受けていないが、アンティオコスのもとでの艦隊司令としての経験を生かして、今回もこの部門でプルシアスのために尽くし、ペルガモンの王エウメネスの艦隊をマルマラ海で討った。しかし戦争の成り行きには、この戦闘も意味がなかった。

前一八四年の決戦では、プルシアス王はハンニバルの援けを斥《しりぞ》けたらしい。プルシアスは、エウメネスに敗れた。

ハンニバルの最期

前一八三年王弟アテナイオスを長とするペルガモンの使者がローマに向かう。プルシアス一世とは姻戚関係にあるマケドニア王に関する苦情を携えて。王がペルガモンとの戦いで武器を供給して、ビテュニアを助けたからである。マケドニアおよびビテュニアの使者もローマにいた。すべての背後にハンニバルがいる、ということはかくしようもなかった。フラミニヌス、すなわちキュノスケファライの勝者に、ビテュニアとペルガモンの平和を樹立する仕事が委《ゆだ》ねられる。一八三年夏小アジアに向かう。そしてプルシアスの宮廷に対して、なによりもハンニバルの引き渡しを求めた。

王もこれに抗することはできなかった。もはや、亡命者を犠牲にする以外に手はない。ハンニバルも予期していたことであった。この世界には身を寄せる場所のないことを知った。

信用できるほどの話でもないが、ハンニバルはその邸に沢山のちがった逃走の出口を作らせていた、そしてそれに加えて、自分だけしか知らない別の秘密の道もつくらせていたというのである。だが王はこの邸を十重《とえ》二十重《はたえ》に取り囲ませる。もはや脱出はできない。自ら命を絶つか、ローマにその身を引き渡すか。

残る道は一つ。毒杯を呑みほす。プル

ハンニバルの死（15世紀初期の写本の装飾画）
左側は毒杯を仰ぐ場面。右側はすでに倒れた姿。

シアスおよびその家に神々の呪《のろ》いのあらんことを祈りつつ。リウィウスは伝える。彼は、いまわの際《きわ》に次のようにいったという。「一人の年取った人物の死を待ち望んでいても、なかなか叶えられそうにないようだから、今こそ、自分はローマ人に、その永遠の心配・渇望を満たしてやろうと思う」と。

王の近衛兵、フラミニヌスの捕吏《ほり》が邸に乱入したが、彼らの目にしたのは死体であった。実は、ハンニバルの没年ははっきりしないのである。前一八三年、一八二年、一八一年と。一八三年秋、または末というのが近いのではなかろうか。

ハンニバルの相手役、ザマの勝利者、いやアフリカ・アシア・スペインつまり三大陸でのローマの支配権の樹立者、大スキピオも、一八四ないし一八三年、多分一八三年はじめに没している。リテルヌムの別荘で。党派争いにもまれ、それに破れて、失意のうちに世を去ったのである。

ところで勝者スキピオ以上に、敗者ハンニバルを讃える声が、高く、強く響き渡るのはなぜか。全地中海的な規模でことをはかったこの将軍は、やはり歴史の転換期において、その転換の主導力となったこと、だがしかし、強力なローマに対し、いや運命に抗して、最後の最後まで屈することなく闘い続けた、こういうところに人を打つものがあるからであろう。悲劇といえば、これほどの悲劇はあるまい。後人が歴史の転換点に立って回顧する人物なのである。

おわりに

同時代人のハンニバル像

ハンニバルの名前はローマとカルタゴとの闘い、前二一八年から二〇二年の第二次ポエニ戦争に結び付いている。スペインからアルプスを越え、イタリアの野で闘い続けた彼は、なによりもローマ人の心のなかでは「ローマの偉大なる敵」として生き続ける。

すくなくとも同時代人の描くハンニバルは、前三〜前二世紀のヘレニズム時代の英雄の伝記の系列、しかも明らかにアレクサンドロス伝の範疇《はんちゅう》にはいる。したがって規準はこの大王にある。そして、アレクサンドロスおよびピュロスと並んで第三の位置にすえられるのである。この伝統が広く生きてゆくことは、帝政期、後二世紀のルキアノスの「死者の対話」を見ればよかろう。たしかにアレクサンドロスの大遠征事業と、ハンニバルの業績は似ている。スペイン、南ガリア、つまりヨーロッパの最西部からアルプスを越え、南イタリアの南端まで軍を進め、ヘラクレスの柱（ジブラルタル海峡）からイオニア海までの領域を一つのものにしたのは、ある意味では西地中海世界の一体化を成しとげようとしたものともいえよう。このようにいうのが、いささかオーバーであるとしても、すくなくとも地中海的な視野でことをはかったとはいえる。

このようなハンニバルに対して、二通りの見方が現われる。一つは、側近にあったシレノスのように、彼と神々とを結び付けること、つまり夢のなかでは神々の集まりに招待され、イタリア進軍をユピテルから個人的に提案される、神の使者がアルプス越えの道を示す――そうした意味で、ハンニバルは人間の尺度で測れない存在とされるのである。

一方、それとは逆に、残虐な征服者という色もつけられている。彼は蛮人である、というのである。

こうした立場にたつのが、ファビウス＝ピクトルであった。ローマの元老院議員で前三世紀末、ギリシア語で歴史を書いた人物である。権力および所有欲がハンニバルにおいて際立《きわだ》っていた、義兄ハスドルバルはカルタゴを押さえて指導者になろうとしたが、ハンニバルはそれ以上に、故国の意向に反して、飽くなき支配欲を満足させようとして戦争を始めたのである、彼を阻むものはなかった、忠実さ、信義、神に対する畏敬など薬にしたくもなかった、と。このような憎悪と驚異とは、実は同じ根から出てくるのであった。これが前二〇〇年頃のハンニバル像である。

ポリュビオスのハンニバル像

ところがローマがマケドニアやシリアを破って地中海世界の覇者になると、ハンニバル像も変わってゆく。まずポリュビオスが前一五〇年頃、ローマの覇権獲得のプロセスを描くに当たり、前三〜前二世紀の変わり目に焦点をすえて、そこにハンニバルを位置づける。彼は第二次ポエニ戦争のなかに、西方世界と東方世界の一体化の第一歩をみているのである。

ポリュビオスはファビウス＝ピクトルを大いに利用したのであるが、この人のように、第二次ポエニ戦争をハンニバル一人のせいにはしない。第一次ポエニ戦争からの歴史の上にすえるのであった。ここでハンニバルは長い歴史の鎖の一つを構成する。父の仕事を継承し、カルタゴの意志に従ってその道をゆく、というのである。

ポリュビオスは、一応歴史の流れのなかにハンニバルを正しく組み入れている。しかし、それはそうとしても、ローマによって定められた歴史の発展のなかに。この枠のなかでハンニバルが動くのであった。

人間ハンニバルと将軍ハンニバル

実は、ポリュビオスは、われわれに一番くわしいハンニバル像を提供してくれる。その場合、ローマに対して父とともに復讐を誓った者として登場させるが、なによりも戦争に対して決然たる、ダイナミックな若者として、次いで軍事的に優れた将軍として描く。その際ハンニバルが奇計を重んじた点を指摘するが、ここには非好意的なニュアンスがただよう。しかし将軍としての評価はすこぶる高く、なによりも毛色の変わった軍隊、いわゆる混成部隊を指揮して兵士に叛乱を一度も起こさせなかったことを称え、単なる勝利・成功のみならず、敗戦（たとえばザマ）でもそのすばらしい才を示したとする。スキピオ一族との関連から、大スキピオを称揚するために、将軍ハンニバルを高く評価するという面もあったかもしれないが。

ところがポリュビオスは、このような将軍としての才能を、彼の精神面のすばらしさと結び付けて考えている。とくにハンニバルの見通しのよさを。そこで彼の影響力の広がり——西地中海のみならず東地中海までの——を高く評価する。ポリュビオスの世界史的な構想にとって第一級の偉業、それがハンニバルの仕事だ、というのであった。

もちろんハンニバルに対する二つの非難、残虐さと貪欲さについての指摘も欠けてはいないが、政治的・軍事的な流れの変化との関連もあげ、ともかくフェニキア人はかくなるものという前提の上で、裏切り、残虐、貪欲、そういったものを分有するハンニバルとするのである。

ところが、すでにみたように、ローマ側の同時代人あるいは共和政期の叙述では、ハンニバル像がすこぶるネガティヴなものであるのは当然であろう。法違反者——不忠実さと残虐さ、策略にあふれ狡猾であること等々。リウィウスもいう。ローマ人とカルタゴ人は第二次ポエニ戦争ではすこぶる憎悪の念を燃やして戦った、と。この見方の元はファビウス＝ピクトルなのである。

ハンニバル像の変化

リウィウス、アッピアノス、ウァレリウス＝マクシムス、いやキケロなどすべて、ローマをほとんど征服してしまいそうになったこの人物を、典型的な「悪しきフェニキア人」としている。野蛮さ、残虐さ、非道徳さが強調されてゆくのである。

実は、リウィウスも、ポリュビオスと同じく、将軍としての才能は十分に認めている。行動の迅速さ、卓越した戦術、地形利用の見事さ。しかしその性格や人間性に関しての評価は全くネガティヴであり、とりわけ道徳的な面の評価はすこぶる辛くなっている。残虐、背信、宗教心の欠如等々。

このように、ポリュビオスでは、ハンニバルの個性と業績が不可分のものとみなされていたのであるが、リウィウスでは両者が完全に切り離されて捉えられており、この傾向、この流れが、ハンニバル評価の主流となってゆく。

古代末期、中世、ルネサンス、啓蒙主義時代と、ハンニバル像にも変化や発展はみられるが、「政治家」としての面を新しく発掘したのは十九世紀の歴史学であった。それでも、真の意味のハンニバル像を描くことは、国民国家的な思考の枠のなかにとどまる十九世紀の歴史家の手では不可能だったのではなかろうか。

なるほど、様々なハンニバル像がある。だがローマとアフリカ、あるいはローマとカルタゴという視角ではなく、アフリカとローマ、あるいはカルタゴとローマという具合に、視座を変えてみることも、新しいハンニバル像をつくるための一つの道であるように思われる。

大政治家ハンニバル

ハンニバルの一生を通観してみると、やはりモムゼンの讃歎するように、ハンニバルを「大政治家」とするのに、だれもとまどいはなかろう。

緒戦のサグントゥムをめぐる駆け引きから始まって、イタリアの野をかけ廻った二十年近い第二次ポエニ戦争の歴史のなかに、彼の「政治的」な才能はきらめく。「イタリアの自由」を旗印としつつ、その基本線を貫き通したのである。それはカプアをはじめとしたイタリアの諸都市との同盟条約のなかに歴然としている。またイタリアの各都市の内部的対立を利用し、原則的には、各都市の民衆を支柱にし、親ローマ的な立場をとる都市貴族を排除する——なるほど、リウィウスはこの点を図式的に描きすぎる、という批判もある。むしろ、基本線は右のようであったとしても、やはり臨機応変の姿勢でもってイタリア政策を推し進めていったというべきかもしれない——。

それ以上に、その地中海世界大的な視野の広さは、たとい事成らずといえども、カンナエ後のシシリー、サルディニア、スペインを一体として関連づけたイタリア包囲策、フィリッポスとの同盟条約、あるいは亡命後の東方での画策の一齣一齣のなかにくっきりと浮かび上がってくる。まさしく「地中海世界」がその掌《てのひら》のなかにあるが如き感じさえする、といっては言い過ぎであろうか。

さらには、敗戦後の国家立て直し策の見事さ、それも決して単純なる革命家的な姿勢ではなく、祖国の制度を十分にふまえた上での行動であった。

またなによりも、その執拗な抵抗、とりわけ亡命後の動きには、やはり決して一介《いっかい》の武弁《ぶべん》に留まらない、政治家としての幅の広さ、政治家の執念の貫いているのを知る。ローマの歴史叙述に、どのようなハンニバルの像が現れようとも、アレクサンドロス、カエサル、ナポレオンとは違って、自分のためにではなく、祖国のために闘ったのがハンニバルである、というのは果たして牽強付会《けんきようふかい》の言であろうか。やはり、何よりも道義的に一本通った芯棒を思うのである。祖国カルタゴのためという――。

ただハンニバルの悲劇は、彼の活躍が、逆にイタリア支配を固めたその後のローマの政策展開、つまり東方政策を生み、ひいてはローマに世界帝国への道を用意したというところにある。

参考文献

実は、今までのところ日本語で書かれた「ハンニバル伝」は一冊もない。研究論文としては祇園寺信彦「スキピオとハンニバル」（西洋史学　第八巻　一九五一年）があるのみ。また、カルタゴの歴史に関しても、通史・研究書を問わず、日本語のものは全くないといってよい。ただ、モスカーティ著、鈴木一州訳『古代オリエント史』（講談社　一九六七年）、『世界の戦史・三　シーザーとローマ帝国』（人物往来社　一九六六年）の近山金次「ポエニ戦争」の章、及びトインビー著、秀村欣二・清永昭次訳『世界の大思想・第二期第十五　ハンニバルの遺産』（河出書房新社　一九六九年）が参考になると思う。

なお、ローマ史関係の参考文献は、ボールスドン編、拙訳『ローマ人』（岩波書店　一九七一年）の巻末の文献表が、一番くわしいのではないかと思う。

実は、われわれの仕事は、欧米学界の業績をふまえることから始まる。本書も、今は亡きホフマン教授のお仕事を日本語にうつしかえたものにすぎない。日本語でのハンニバル伝がまだない現在、なによりも事実を追ってゆくことに力点をおいたため、カルコピーノ、ピカール両教授のユニークな叙述もさることながら、もっぱらホフマン教授のお仕事を利用させていただいた。いや紹介させていただいた、というべきであろう。

ハンニバル関係の文献として、代表的なもの、というより私の手許にあるもの（あるいは入手可能なもの）を二、三あげておきたい。

一般むき

Hoffmann, W.：Hannibal. Göttingen. 1962（数多くの特殊研究をふまえた概説。簡単だが、最も正確）

Görlitz, W.：Hannibal, Eine politische Biographie. Stuttgart. 1970（ホフマン教授の労作をふまえた一般むき読物）［史実についての誤りもかなりあるので、引用は要注意］

De Beer, Sir Gavin. : Hannibal, The Struggle for Power in the Mediterranean. London. 1969（図版多し。一般むきで面白いが、史料の取り扱いにすこぶる問題がある）

Warmington, B. H. : Carthage. Penguin Books. 1960（平明。カルタゴの歴史を通観するに便）

Picard, G. Ch. : Hannibal. Paris. 1967（フランスのカルタゴ、ハンニバル研究の第一人者によるもの。独得な章別構成をもち、決して万遍ない叙述ではない。カルタゴの社会・文化の構造までふみこんだ伝記。巻末の文献表も有効）

Picard, G. Ch. : Le Monde de Carthage. Paris. 1956（英訳 Carthage. London. 1964）（簡潔な概説）

Picard, G. et C. : La Vie Quotidienne à Carthage au Temps d'Hannibal. Paris. 1958（英訳あり。Daily Life in Carthage at the Time of Hannibal. London. 1961）（政治・経済万般に亙る叙述）

Carcopino, J. : Grandeur et Faiblesses d'Hannibal, Profils de Conquérants. 111－237. Paris. 1961（宗教面の取り扱いに特色あり）

概説及び専門研究（主なものだけ）

De Sanctis, G. : Storia dei Romani. Ⅲ, 1. Torino. 1916（Firenze. 1967）2. 1916（1968）（いまだに生命を失わない古典的名著）

Meltzer, O. u. Kahrstedt, U. : Geschichte der Karthager. Ⅰ—Ⅲ. Berlin. 1879—1913（カールシュテット補の第三巻が重要）

Gsell, S. : Histoire ancienne de l'Afrique du Nord. Ⅰ—Ⅳ. Paris. 1912—1920.

Kromayer, J. u. Veith, G. : Antike Schlachtfelder. Ⅰ—Ⅳ. Berlin. 1903—1931.

Groag, E. : Hannibal als Politiker. Wien. 1929（Roma. 1967）（政治家としてのハンニバルを高く評価。Mommsen, Egelhaaf, Kromayer, Meyer など十九世紀後半からの研究の集大成。現在のハンニバル研究の出発点となる作）

Vogt, J.（Herausg.）：Rom und Karthago. Leipzig. 1942（論文集。戦前の仕事の一つのピーク）
Studi Annibalici, Accademia Etrusca di Cortona（Ottobre 1961）1964（イタリア・フランスの学者を中心とした論文集。論文十六編を収録）
Walbank, F. W.：A Historical Commentary on Polybius. Oxford. Ⅰ, 1957. Ⅱ, 1967.［Ⅲ ,1979］
Christ, K.：Zur Beurteilung Hannibals（Historia. Bd. XⅦ. 1968）Wiesbaden（古代から現代までのハンニバル像の変遷を大観している）
Christ, K.（Herausg.）：Hannibal. Darmstadt. 1974（論文十四編を収録。巻末の文献表は有効）
アルプス越えに関しては、
Proctor, Dennis.：Hannibal's March in History. Oxford. 1972 が出たが、コルーデュークラピエ説をとる。De Beer, Sir Gavin.：Hannibal's March. London. 1967 はやはり問題がある。
フローベールの『サラムボー』（田辺貞之助訳『フローベール全集・二』筑摩書房　一九六六年）は、傭兵の叛乱を題材に選んだ歴史小説であるが、「近代小説の手法で古代を再現」しようとしたもの。カルタゴのことに興味を覚えた人の一読をすすめたい。［『サランボオ』については角川文庫版　一九五三年、神部孝訳も入手可能］

・本書の写真出典

De Beer, Sir Gavin.：Hannibal, The Struggle for Power in the Mediterranean. London. 1969
Scullard, H. H.：Scipio Africanus. London. 1970
Studi Annibalici, Accademia Etrusca di Cortona（Ottobre 1961）. 1964

［付論一］

人間ハンニバル

1　ハンニバルと兵士

ハンニバルのかかわった戦争を追い続けていても、案外忘れがちなことがある。二十一世紀を迎えた今日、とりわけ我々日本人として、本気になって問わねばならない素朴な問題が残っている。それは戦いの野に倒れてゆく幾百、幾万の人たち、つまり庶民の心情である。これは、ハンニバルが、そしてまたその部将が、戦争における自分の死をどのように見ていたかということとは、次元の異なる問題である。

ところで一般の兵士（ここでは広くカルタゴ人としておこう）が果たして、「死を見ること帰するがごときであった」といえるか。差し当たりカルタゴ人一般の死生観を示すことによって、それを様々な考えをめぐらすための素材とすることもできよう。彼らは、一般に死後の生を信じていたといわれ、死者の国の存在は絶大な確信となっていたと見られるからである。それはまさしく霊魂不滅の思想といえよう。

しかし、戦闘で兵士がことごとく従容《しょうよう》として死んでいったかどうかは、分からない。ただハンニバルが、兵士たちに向かって述べたという次の言葉こそ、兵士の心理をよくつかんだものとみることができよう。

それは「国のために勇敢に戦って死んだ人物は、ある時間をおいて甦《よみがえ》る」というのである。兵士の心情掌握《しょうあく》の見事さというべきだが、霊魂にとって新しい世界への移動の時間をふまえた、冥途《めいど》への旅を勇気付ける説得力ある言葉だったといえよう。

そのハンニバルが、イタリアの戦線でただの一度も兵士の謀反・叛乱を起こさせなかったのは、やはり強力な統率力で兵士の心をいかに把握していたかを示すものであろう。この点については、叛乱を促すような契機、可能性の存在、逆にそういったことが生まれたにしても、その拡大を阻止する力やシステムがあったのではないか、ということなど、多面的な考察が必要であろう。そのうえで、ザマの決戦での敗北を考えると、イタリアでの決戦の場合とは異なったタイプの兵士とハンニバルとの関係が、読み取れるのではなかろうか。それは新規に徴募された兵士、つまりハンニバルとの関係の希薄な存在の、戦闘における脆《もろ》さである。

ここまでは普通にカルタゴ人、あるいは兵士といってきたが、実際には多様な民族から構成された軍隊であるとすれば、彼らの意識の相違、それに対応するハンニバルの才覚・力量・神秘的な力をもってしてもどうにもならないものは厳として存在したことであろうが、行軍の順序一つをとっても、また各戦闘での布陣などにも、彼の統御手腕は歴然としている。一方でそうしたことを認めた上での、彼の将軍としての兵士掌握の腕の見事さは、いかなる人も疑いを入れないところであろう。

今一つ、重要な問題が残っている。それは第二次ポエニ戦争敗北直後のハンニバルに関することである。なぜ敗軍の将ハンニバルは、政府から厳しい処罰を受けなかったのかということである。戦いに敗れたカルタゴの将軍に対する処罰の峻厳さは、あまりにも有名だからである。実はこのときは、敗れたりとはいえども、カルタゴ政府（反ハンニバル的な色合いの濃い）としても、また勝者ローマといえども、ハンニバルの持つ絶大な力を考えなければならなかったのである。彼の掌握する兵士に対する恐怖心がある一方、その兵士を利用しなくては、カルタゴの治安は維持できず、後背地の安全も保たれなかったのではなかろうか。その証拠は、ハンニバルの将軍職が、敗戦後もしばらくは解かれなかったことにあろう。

すくなくとも、ハンニバル一族は、ハミルカル、ハスドルバル、ハンニバルと皆、兵士に推された将軍だったこと、正規の将軍として当然元老院もしくは民会の承認は得ているが、実質的には兵士との間には一種クリエンテラ的（すでに日本語になっているが、親分子分関係、庇護関係）ともいえる関係が醸成されていたのではなかろうか。それは、ハンニバルの物心両面での配慮、兵士たちの健康管理から戦利品処理、貨幣鋳造にまで及ぶ多種多様な例からもうかがえよう。右の敗戦後のハンニバルに関して、私は、兵士を植民してオリーヴ園で働かせたという話を、ハンニバルの所領に関連させて考えてみたこともある（拙著『カルタゴ人の世界』講談社学術文庫、二〇〇〇年、Ⅲ）。

〈一九八二年の論文および一九九四年のエッセイの一部から〉

2　ハンニバル像についての補遺——原著の「おわりに」の補遺として

ハンニバルに関しては第一次史料は残っておらず、歴史叙述、伝記作品といえども、民族的・氏族的・個人的な理由からの歪曲があったり、一面的な見方を伴ったものしかない。とりわけハンニバルの歴史は、大体が敵方のローマの立場から描かれているのである。そこにはローマ的な（それに時代的という点でも）偏見というべきものが認められるのも当然であろう。カルタゴ人に対するギリシア人およびローマ人の一般的な見方がハンニバル像の形成にも大きな影響を及ぼしているといえよう。古代においてはカルタゴ人には、陰険、不忠実、条約違反者というレッテルが貼られている。共和政末期ローマの一作品のなかに「ローマ国民は、ポエニ人に正当性の点で打ち勝ち、武力の点で打ち勝ち、自由・高邁さの点で打ち勝った」とある。それがローマの学校教育において、とりわけ修辞学の勉強の素材として、カルタゴ人やハンニバルは陰険、不忠実なものだとして、よく引き合いに出されるのである。ローマ人が自らを人類の救済者とする自負心を高めてゆく一方で、カルタゴ人を野蛮で残虐な輩として糾弾することになるのであった。そして、そのなかにハンニバルが据えられるのである。

「神々が、一個の人間にあらゆる天賦《てんぷ》の才を恵むものではない」といわれるが、では、どういうものがハンニバルには欠けていたというのか。ハンニバルの人間性については色々な批判があることは確かだが、それにもかかわらず、そのような評価とは全く反する事例にも遭遇する。

最も鋭く攻撃される彼の残虐さについてはどうであろうか。カンナエの戦いの後、ハンニバルは捕虜を生きたまま橋として使ったという。しかし、一方で敵の埋葬に心を砕いたという話も伝えられている（トラシメヌス湖畔の戦いの後、九五頁、マルケッルスの死に際して、一五二頁参照）。

物欲に駆られたハンニバル、という評価はどうであろうか。たしかに神殿の強奪などに関して、その例を挙げることはできよう（これを否定する史料もある）。もっとも物欲については、ローマ人の見方では権力欲か文字どおりの物欲になるかだが、戦時においては必ずしも否定的な評価を下すことのできない場合もある。とくにハンニバルは寛大な将軍、兵士のために戦利品を自分のものにするのを断念した将軍としても描かれている。

また神を蔑《ないがし》ろにするハンニバルともいわれるが、カルタゴ人の宗教および神を考え、たとえば、フィリッポス五世との同盟条約（一二一頁）にあらわれるハンニバルの神々に対する誓いを思い出すだけでこうした見方は否定されるだろう。これを単なる形式だとして斥けても、メルカルト＝ヘラクレスとハンニバルとの深い関連（七二頁）をみれば、神を蔑ろにしているとはいい切れないのではないか。

では、不忠実なハンニバルという評価は、どうであろうか？　これは条約を破るカルタゴ人という主張とも通ずるもので、戦争責任はローマにあるのではなく、カルタゴ側にあるとするローマ側の主張に結びつくものである。それでは、ずる賢いハンニバルという評価は、どうか。ローマ側が策略を用いるのは見事な戦略として容認しているのに、将軍としてのハンニバルをこの点で非難できるだろうか。

このように様々なハンニバル批判、とくにその人格、人間性に対する批判は、それ自体として大きな矛盾をはらんでいることは確かである。将軍としての才能は認めざるを得なかったローマ人が、ハンニバルについて否定的な面として作り出さなければならなかったものだったのではないか？

その他、史料の各所から、冷静な自己規制のできた人間だとか（これは残虐さという評価とも連なる）、あるいは頑固さ（カルタゴ的な個性に他ならない）、また気取らない生活態度、飲食についての摂生、女色に溺れないこと（女色に耽《ふけ》ったハンニバルという記事は創作か！）、長い戦陣生活で鍛え上げられた肉体なども指摘されている。すべては、というよりは否定的な側面はほとんどすべて、カルタゴ人は自分たちとは異なった存在だというローマ人的な捉え方の上に描かれたものではなかろうか。

ところで、古代の偉大な存在アレクサンドロスやカエサルとは違って、ハンニバルの外見については、全く何も伝えられていない。ただ中世のある記述には、際立って美しく、威厳と断固たる感じが読み取れたという。もっともすでにリウィウスが、生き生きした眼差しとか目の輝きといっているのは、どれだけ信用できるだろうか。

貨幣や彫刻に関しても、本文で略記したように問題はきわめて多い。私は、ホフマン、ピカールらの解釈をふまえて、ヘレニズム的な性格のものとしたが、典型化は、たしかに認めざるをえないが、それとは別に個性描写という点でも、一体どこまでのことがいえるだろうか。

人間性、人格に関して評価するのは、その対象になるのがハンニバルでなくいかなる人物であろうとも、至難の業《わざ》であるのに、とりわけハンニバルに関しては材料不足で、しかも矛盾に満ちている。果たして人間ハンニバルの像は構成できるのだろうか。ただすくなくとも勝者ローマ人が、一目も二目もおかなければならない存在だったこと、そしてそのハンニバルを破ったローマ人の自讃に結びつくという事実だけは間違いない。

〈一九九一年のエッセイの一部から、ザイベルトの研究も加味して〉

[付論二]

参考文献と研究史

1 参考文献の補遺

何よりも、原著は敗戦後外国の文献もなかなか自由に手にできなかった頃の作品だったので、その当時読まねばならなかったものと、その後の重要な文献を新たに参考文献として一、二追加したい。

Gsell, S. : Histoire ancienne de l'Afrique du Nord. I—IV. Paris. 1912—1920 の入手ができなかったことは残念だったが、今では復刻版を容易に、どこでも目にすることができる。カルタゴ研究に関しては今なお基礎的な文献の筆頭の位置を占めている。さらにその後のカルタゴ研究の飛躍的な発展をふまえた文献は枚挙にいとまがないが、ここでは、対象をハンニバルにしぼって数点示すことにしよう。

Lazenby, J. F. : Hannibal's War. Warminster. 1978 は、軍事史を軸とした包括的な作品であり、その点では英語で書かれたものとしてはほぼ百年ぶりのものとされる。将軍としてのハンニバルを高く評価し、第二次ポエニ戦争を歴史における最初の世界大戦と位置づける。古来の論争問題にコミットすることも多く——ある程度当然だが——、かえってその点が流れを中断させる気味もないではないが、基本的には健全な物語風の明瞭さが貫かれている、という評価を得ている。

Brisson, J. -P. : Carthage ou Rome ?. Paris. 1973 は、ハンニバルのギリシア・ヘレニズム的世界の人間という点を強調し、彼をギリシア民主主義の尖兵とみなす。ただその斬新な主張には十分な史料的な裏付けを欠くとの批判もある。

Nicole, C. (éd.) : Rome et la Conquête du Monde Méditerranéen. Nouvelle Clio 8bis. 1978 は、叢書の一冊であり、かなり一般的な性格のものだが、ニコレとスニサー執筆の二章は、フランス学界の伝統をふまえた、密度の濃い、滋味あふれるもの。

しかし何といっても包括的な大著、次の二点が重要であろう。

Seibert, J. : Hannibal. Darmstadt. 1993

Seibert, J. : Forschungen zu Hannibal. Darmstadt. 1993

前の方の作品は、何よりも軍人・政治家としてのハンニバルの能力は果たしてどうであったかを問い直し、なぜその相手方のローマの究極的な勝利が生まれたのか、ハンニバルの挫折の原因に視点を定め、ハンニバルに関するあらゆる問題を取り上げる。その斬新な点は、組み立て方として、一年毎に区切って、また地域毎に、地中海世界全体の動きを追い、それとの関連のなかにハンニバルを据えて、節目節目にも大いに注意を払う形をとり、最後は

「人間と業績」で締め括《くく》る五五〇頁を越える大著である。注も充実しており、単なる概説書ではない。後者は、題名から想定されるように、古来から論争の対象になってきた個別の問題——在来の研究をくまなく取り上げている——を軸にした研究書であり、しかもそれぞれの問題に関して「伝承」の章まで設けて、独立した詳しい考証を展開しているところは、エピソードが鏤《ちりば》められたハンニバルであるだけにそれらを単に伝承として斥ける事なく積極的に捉えようとしている点が有益であろう。またハンニバルに対応するローマ側の問題にも深く踏み込み、いわゆる「帝国主義論争」まで視界内に収めている。これまた四五〇頁弱の大著である。一九九〇年までの重要な諸研究の位置づけも懇切である。今は、このザイベルトの両著を出発点にハンニバルを考えてゆかねばなるまい。

最後にローマ史家による最新の伝記としては、Christ, K.: Hannibal. Darmstadt. 2003 をあげねばなるまい（平明）。

いちいち著書や論文はあげないが、とくにそのアルプス越えをめぐっての研究も多い。たとえば、邦訳として、

プレヴァス著、村上温夫訳『ハンニバル アルプス越えの謎を解く』（白水社、二〇〇〇年）もその一例であり（トラヴェルセッテ説をとる）、読みやすい。

邦語、邦訳文献もかなり指摘できよう。ちょっと枠を拡げると、

栗田伸子「敵のイメージ——もう一つのポエニ戦争」『世界の戦争・二 ローマ人の戦

争』（吉村忠典編、講談社、一九八五年）は、ハンニバルの率いるいわゆる「カルタゴ軍」の構成要素としての諸民族の有り様にしぼっての新しい主張。一九六〇年代以降の「北アフリカ史」の斬新な諸研究をふまえたもの。

コンベ＝ファルヌー著、石川勝二訳『ポエニ戦争』クセジュ文庫（白水社、一九九九年）

ウルス＝ミエダン著、高田邦彦訳『カルタゴ』クセジュ文庫（白水社、一九九六年）

拙著『カルタゴ人の世界』講談社学術文庫（講談社、二〇〇〇年）

ハンニバル研究に関してもその出発点になるモムゼンの『ローマの歴史』、とくにその第一巻も、拙訳（第Ⅱ巻の形をとる）で公刊された。さらに、ハンニバルに関する史料の第一にあげられるべきポリュビオスの『歴史』の翻訳も、二種類ほぼ同時に出版され、一般読者の手に届くところにある。

拙訳、モムゼン『ローマの歴史』第Ⅱ巻（名古屋大学出版会、二〇〇五年）

ポリュビオス、城江良和訳『歴史　1』（京都大学学術出版会、二〇〇四年）

ポリュビオス、竹島俊之訳『世界史　1』（龍渓書舎、二〇〇四年）

これにリウィウスの訳が加われば、日本の読書人も容易にハンニバルに向き合うことができるであろう。その場合もちろん、古来の史料批判、原典探求の作業が必要かもしれないが、そこまで厳しくいわなくとも読書の幅ができることであろう。しかし、それにつけても原著に書いたように「一冊の研究書も、著書もない」とした頃に比べると三十年の歳月は、わが国読書人にもこのようにハンニバルについて、考えたり研究をするのにまことに便利になっている。

2　研究史――流れの回顧

研究史というよりもはるかに簡単に、原著執筆の頃までのハンニバル研究およびハンニバル像の変遷をたどってみよう。私の原著自体――原著の「参考文献」で述べたようにホフマン教授の作品の祖述にすぎないが――のもっている性格およびその後の問題点の指摘は「あとがき」に譲る。これは、そこまでのことの略述にすぎない。

研究史を考える前に、カルタゴ人ハンニバルを捉えるにあたっての大前提として、カルタゴ側の史料がないこと――もちろん、それは様々な形でローマ人、ギリシア人の作品の中に伝えられてはいる――の限界、さらに人物史を描くにあたっての史料の絶対量の不足も当然あげる必要があろう。そのこととも関係するが、大観的にいえば、どうしても見る目の歪みを感ぜざるをえない。現存史料が、伝承者および時代という限界内の産物なのである。またその点と当然関連することだが、個人と構造、全体との絡み合いが問題となる個人史というものには、研究者あるいは執筆者の生き抜いた時代と各人の属する社会の風土性、あるいは端的には国民性や国民感情が色濃く滲み出てくるのである。ハンニバルもその例に漏れない。その点を意識しながら、あまり個人名を出さずに素描を試みたい。

古代におけるハンニバル像の変遷は本文の最後に略述したので、ここでは近代のそれを考えてみることになる。ハンニバル研究もハンニバル像の変遷史も、他の「ローマ史」上の問題同様十九世紀半ばのモムゼンをもって始まる。

周知のようにカエサルに対してもキケロに対しても、自己の全身でもって「個人」に立ち向かうモムゼンである。ハンニバルもその例外ではない。モムゼンによる個性描写は、微に入り細を穿《うが》っているが、力強く情熱的である。ただハンニバルの個性、人間性に関しては、史料自体の限界からその後一世紀半経っても、どの点が力説されるか、あるいは視角がずれるかの差はあっても、基本的には変わりないといえよう。同時代人における彼の欠点、つまり貪欲さ、残虐ぶりの指摘などがそれである。差異、発展はその位置付けだけである。これらをフェニキア人的な性格とする点などが、その後の問題展開の出発点になろうか。

軍人か、それとも政治家かという捉え方自体は問題であるが、それでもこの両面からハンニバルを捉えるのは、ハンニバル評価の大きな流れである。「軍事・戦略上の天賦の才、またそれと劣らない政治家としての天分」と見るのがモムゼンである。後者についてはとくに「カルタゴ国制の変革」「亡命外人としての東方諸強国にあったとき」の動きなど、その目はしっかりしている。また現在までの捉え方の流れという点で、カルタゴ人におけるヘレネス風の教養を実用的な性格（拙訳『ローマの歴史』第Ⅱ巻第一章）のものととる点を指摘しておきたい。セム主義云々（セム主義とは一般にユダヤびいき・主義。一種の人種的偏見に基づくセム人観に支えられた主義・主張たる反セム主義と対になる、もしくはそれを包含した表現。とくにユダヤ人に対するものだが、カルタゴ人もセム語族に属する）についてはモムゼンからは読み取れない（拙訳『ローマの歴史』第Ⅱ巻、解説）。さらにモムゼンは、ハンニバルの相手役、「指揮官としての才能の抜群的な」マルケッルスや、「気高く自由な目をした」スキピオも、それなりに高く評価しているが、それでも決してハンニバルに比肩する、ましてや優るものとはしていないようである。後のスキピオ像の一つの流れとはいささか異なるものがあったといえよう。

モムゼンを出発点として、研究史を振り返ると、次のような大きな流れのなかでの曲折のあるのに気がつく。それは、時代によるカルタゴ像の変遷と大きく関連しながら、風土性、国民感情というか、各国における特色のあるハンニバル研究、ハンニバル像が展開されてきたということである。

軍人――政治家、二点にしぼるとどうなるか。それに戦争責任論も加えることになろう。軍人といっても戦略、戦術からはじまってもっと異なった角度からの評価、一方政治家としても具体的な政策の展開から、政治的なヴィジョンの問題、世界構想にいたるまでの点での評価が考えられよう。モムゼンの言にもかかわらず、政治家としての評価に比べると軍人・将軍としての高い評価の方が、差し当たりは前面に出てゆく。

もちろん、細かい問題に関しても山のような研究が積み重ねられてきた。将軍としての問題にしても、アルプス越えのルートの問題、トラシメヌス湖畔の合戦をはじめとした決戦の合戦場や布陣の問題など、いわゆる史料の記述が一致しないための論証の仕事も多い。将軍としての抜群の才の称揚が先行するにしても、大政治家ハンニバルとみなすことも忘れられておらず、次第にこの点での評価も固まってゆく。しかしおもしろいことにスキピオには必ずしも一致してストレートには(簡単には、というべきか)ハンニバルやアレクサンドロスほどの位置が与えられていないことである。これに対しては時代が下るとスキピオ称揚の火の手が上がるのも、当然であろう。

そこまで待たなくともモムゼンとは異なったハンニバル像が、『ローマの歴史』公刊後(第一巻は一八五四年)ただちに、イーネ(Ihne)によって、モムゼン以上に事実に即した、主観をまじえない『ローマ史』(一八六八—七〇年)のなかで論じられている。カルタゴ人を商業民族であるよりも、ローマ人以上に農業民族であるとしているのはおもしろい(最近またこの評価がよみがえってきたし、私もカルタゴ農業の見直しを唱えたことがある)が、いずれにせよ、そこではローマの敵手としてのハンニバル像は後に退く。スキピオ評価の目といえよう。ただしイーネのこのカルタゴ像、ハンニバル像は大方の承認をえられなかったらしい。十九世紀中葉すぎに、このようなハンニバル像に関しても同じドイツ語系の研究者においても大きな隔たりのあるのに気がつく。一方、イギリスおよびフランスでは、軍歴にある人物による軍事に軸足をおいた研究も進む。もちろん個別的には、ドイツでも軍人による指摘、研究は深まる。しかし軍人ハンニバルを論ずるにあたっての軍歴の有無は決定的なことではない、ということは、今はほぼ認められていよう。軍事史というか、将軍としてのハンニバルを論ずるにあたっても、カンナエ前と後とを殲滅《せんめつ》戦から消耗戦へと分ける説、一貫した消耗戦とする説の対立があった。

また二十世紀初頭に活躍した通常軍事史家と目されるクロマイヤー（彼の手による各種決戦の布陣図は、今なお問題検討の出発点になっている）は、ハンニバルに卓抜した軍事的な手腕を認めるとともに、その政治家的な才幹も力説する、しかも十九世紀末の一研究に賛意を表して、ハンニバルの世界構想に関して、そのマケドニアのフィリッポス五世との同盟条約を軸に据えるのは、現在も生きている捉え方といえよう。ローマとカルタゴ、スキピオとハンニバル、そしてハンニバルに関しても軍事と政治を回転軸に様々な意見の対立が織り成されてゆく。その間、史料批判の深化、徹底化も進み、個別の問題をめぐって、例えばとくにアルプス越えのルートの論戦なども激化する。とりわけ軍事の専門家の論鋒が激しさを増す。ハンニバルに加えてアレクサンドロス、カエサル、ナポレオンが俎上に載せられる。スキピオも忘れられてはいない。というよりスキピオ評価の流れも次第に大きく形成されてゆく。モムゼンとは違った意味で、政治家ハンニバルをも、「冷静で、計算された若き才能」として評価するクロマイヤーは、一方では、ハンニバルの教養がカルタゴ人にヘレニズムへの門戸を開いたとみなすのである。さらに進んで、クロマイヤーが第二次ポエニ戦争をローマと対等の立場を求めるハンニバルの祖国の存立をかけた戦いとし、ハンニバルの挫折を悲劇とするのは斬新な捉え方であった。ブルクハルト（ザイベルトは彼の「ローマがカルタゴに打ち勝ったのは幸運なことであった」という語を引く）や近代イタリアの研究者とは全く異なる捉え方だ、とするのがザイベルトである。

そのイタリアにおける研究といえば、デ＝サンクティスは「ローマ人」の立場からポエニ戦争を描いており、それはそれで是認できるが、これが極端にはしるとセム主義と反セム主義の対立という視角からハンニバルを裁断する論者があらわれることを指摘しておこう。しかしいずれにせよ「ローマ史」の発展との関連におけるハンニバルであった。

第一次世界大戦直前の学界には、第二次世界大戦後まで生を享けた研究者も、その若々しい姿で登場し、私たちの目にもその姿がストレートに入ってくる人もある。

その個性に根ざすものを重要視した上でのスキピオ評価——もちろん、きわめて高い評価から、それほどでもない評価もあるが——も、ドイツ系、イギリス系の研究者の世界でも、このころ定着してきた。スキピオといえば、碩学《せきがく》エドワルド＝マイヤーは、第一次世界大戦の頃に、カルタゴも文明国なりとして、ハンニバル問題に関しても、随所でスキピオとハンニバルを対比し、匹敵する人物としているが、スキピオについては国家ローマの伝統、組織にこそ彼を支えるものがある点を指摘しているのは重要であろう。第一次世界大戦後のものだが、イギリスの軍事評論家（リデル＝ハート）は、スキピオをナポレオンに優ると評価し、最近まで学界の第一線で活躍したイギリスのスカラードも、若年の作（一九三〇年）から近年の大作（一九七〇年）においてスキピオを、きわめて高く、ハンニバル以上に評価することになる。これも一つの流れである。

一方、第一次世界大戦の直後の学界、とくにイタリアおよびドイツの学界を賑わしたのは戦争責任問題であり、それに絡んだハンニバルであった。この問題は、第二次世界大戦後も再燃している。

ところで政策展開から世界構想にいたるまで、政治家ハンニバルの見直しに一役買ったのが、グローク（Groag. 一九二九年——「参考文献」に記したように原著においては大いに活用した）であった。彼はハンニバルには戦争責任なしとし、他方とくに敗戦後のハンニバルに注目する。正否はともかく、民衆的、あるいは民衆に根を下ろした存在という第二次世界大戦後の一つの見方の源流も彼にあるように思える。

ついで時代は、ファッシズム、ナチズムの荒れ狂うときとなる。反セム主義の風潮の流れに棹さす仕事はいちいちあげる必要はあるまい。イタリアでもドイツでも、碩学というべき人たちまで、その輪のなかで合唱し、ハンニバルもその目で捉えられ、位置づけられる。スキピオの天才、ザマの勝利は、イタリアがローマに、ローマが世界に贈った贈り物だ、と。この流れのなかでも、ドイツ語圏の学者ゲルツァーは、厳として、「両敵対者がいかなる人種に属するかは、寸毫の重要性ももたない」としていた。

第二次世界大戦後の研究の流れはもう触れる必要あるまい。相変わらず、戦争責任論に絡んだ研究が矢継ぎ早にあらわれる一方で、克服されたかに見えるモムゼンのいわゆる防衛的な帝国主義論——帝国主義という表現をモムゼンは使っていない、と言われるが——も、暗々裡に、あるいははっきりと姿を現わし、その尺度からのハンニバル論となる。

このような流れのなかで、私がもっとも準拠したホフマンの仕事となる。すでに指摘したようにこれまでも見られなかったわけではないが、そこに基調として流れるのはヘレニズム的な人間タイプとしてのハンニバルである。

問題は、研究史を回顧しても、ことごとく欧米人の目からの把握であり、またそこにあるのはやはり主として自分たちの文明の源流たるローマと異質的な存在カルタゴとの対抗関係の中、あるいはローマを中心に据えての眼差しである。というわけでハンニバルも彼らのカルタゴ像の変化と関連して展開するのであり、それが極端にはしると人種問題にまでなる危うさがあり、そこまでゆかなくとも暗々裡に潜むもののあることは否めない。また一方で、カルタゴ人ハンニバルと比較対照されるべき人物としてのローマ人スキピオとなるのにも、その底にあるものを想起せざるをえない。そのようなことをどうやって踏み越えるか。もちろんその前に研究史をじっくり考えてみる必要があるのではなかろうか（この研究史の記述はザイベルトに依るところが大きい）。

学術文庫版における補訂個所の指摘

地名や人名の呼称について。地名はできるだけ、現代の呼称もしくは慣行（ミラノ、シラクサなど）にしたがったが、タレントゥム、マッシリアなど古代の呼び方にしたところもあり、厳密な統一はない。拗音・促音に関しても統一はない（イリュリア、アッレティウムなど）。地図では、できるだけ古代の呼称を示すことにした。

今回付加した個所、とくに話の中断されるところは［　］で示した。

訂正、削除について、とりわけ事実にかかわることを一言すれば以下のとおり。

1)バルカ→バルカス、マルケルス→マルケッルスなど表記の二、三。

2)原著二一〇頁（文庫版二〇三頁）。フィリッポスをプルシアスの義兄としたところは、史料的に問題があり、諸説林立（義弟、義父など）。前の方の二ヵ所はともかく、文庫版二〇六頁では「姻戚関係にある」と訂正した。むしろ不統一かもしれないが。

3)ハンニバルにからむ地名。原著二〇六頁のメギストスは、一ヵ所はメギステとし、その他は削除した（文庫版一九九頁）。

4)原著では、トラシメヌス湖畔の合戦後、ハンニバルが、敵将の遺体を探そうとし、それが見つからず、その代わり、元老院議員の死体三十を丁重に埋葬させたとしたが（ゲーリッツによった）、後半部を削除した。この二つの話は、全く別の史料に登場することであり、後者は、ポリュビオスの記述によれば自軍のそれである。二つを関連させてゲーリッツは上のようにしたのか。たしかにこのようにする方が合理的ではある。しかし史料通りにとると、両者は関連性のないこと、一方ハンニバルが自分の部下の埋葬を特記する必要もないことであり、それ自体は、敵将の遺体捜索とは関連がない。ゲーリッツはいささか読み込み過ぎか、誤読か？　というわけで、後半部は削除した。

5)原著四一頁（文庫版四三頁）。ハミルカルが、兵士の手で将軍に選ばれたとした個所。史料的にはカルタゴ人によって将軍が選ばれたとあるだけで、ここはどう深読みしても「民会」程度であるのに、史料の別の個所に「カルタゴ人が、……選択は軍隊自身に任せるとした」とあるのと関連させたわけである。この問題は、原著以後、個別論文でも考えてみることができたので、そのままにしてある。

6)一、二の語句を削除したが、原著の叙述を基本的には矛盾のまま残したのは、アルプス越えのところ。とくに「猫山」云々。これではルートがいささか北になり、クラピエ峠説となかなか結びつかない（猫山は小サン・ベルナール〔クラピエより北になる〕越えをとるモムゼン説に連なる――猫山を採用し、しかもクラピエ峠説を主張する者もないわけではないが――）。ゲーリッツの整理を活用したが、実はそれはモムゼン説にまで遡るものであった。ゲーリッツはクラピエ説を採るとしているので、こうしたルート設定にはやはり少々無理がある。七九頁の略図もクラピエ説をとったもので、本文の記述と少しずれが残る。また新説として、ハンニバルは三つの部隊に分けて、三つの（厳密には二つ。二部隊が同じ峠を前後して越えた、とみる）違うルートでアルプスを越えたとする説があり、史料の矛盾はかなり整合的に解決されるが、それにしたがうと全面的に原著を書き替えねばならず（私はこの捉え方にも大きな疑問点があると思っている）、それはしていない。

7)大きな誤りの訂正を一つ。メタウルスの合戦に登場する法務官のポルキウスは、ポルキウス＝カトー（大カトー）でなく、ポルキウス＝リキヌス（本書一五五頁）。大カトーもクラウディウス＝ネロのもと戦いに参加したとは史料にあるが（本書一九九頁）、法務官でなく一軍を率いる存在でもなかった。

8)ザマの合戦前および合戦に登場するカルタゴ側の部将マゴとハンノに関して（一六七、一七〇頁）。前者はマゴ（サムニウム人）、後者はハンノ＝ボミルカル（ハンニバルの甥）とみなした叙述、つまり史料的な確証はないが、ハンニバルの腹心（姻戚関係も一つの軸となる）あるいは有能な部将としては、この二人以外に考えられない、いやむしろ存在しない――一、二の例外は別として――ところからの推定である。これはゲーリッツの捉え方の元でもあろう。ただピカールは、ハンノがハンニバルの弟で自分の叔父にもあたるマゴの残兵を受け取ったとみているが、ゲーリッツではザマの第二戦列（ハンニバルの弟の残兵――これがアフリカへの船に乗ったことは十分に想定可能（一六五頁））の長をマゴ（サムニウム人）が、第三戦列（カルタゴ、アフリカの新召集兵から成る）の長をハンノが引き受けたと推定し、拙著はこれを採用した。しかし史料的にある程度確かなことは、①ギスコの息子ハスドルバルに代わって前二〇三年にハンノに軍指揮権が与えられたこと（同じ史料にすぐ解任ともあるが）、②ザマの合戦自体についての記述には両名とも登場しないこと、③ハンニバル一人に軍指揮権が、とも読み取れること、この三点が問題であろう。したがって私のこの文章はあくまでも想定にとどまる。そもそも同名の人物が多いカルタゴ世界にあっては、マゴといいハンノといっても、そのいずれに同定するかはむずかしい。史料に存在しないことには歴史家は基本的には立ち入らない。本書の「学術文庫版あとがき」に記した「歴史家としての逸脱」の部類に属するかもしれないが、おもしろいし、論理的・状況的に可能な捉え方として——専門家の意見ではないが——採用したわけである。

9)九三頁のトラシメヌス湖畔の決戦の布陣図と本文の矛盾と相違。本文は隘路《あいろ》に重きをおくもので、それによれば図は最左端のハンニバル軍の騎兵が最右端までずれる形で全体に右に動かさねばならず、傾斜地が湖に接近し布陣は湖面に近づく。基本的には「平らな」と「隘路」とある史料の読みと比重のおき方の差。拙文にも矛盾は残り、専論は別として通常の叙述は曖昧《あいまい》さを留めたまま。両者が主要な対立説であり、本文中の新説とは全く別。現地を未見の筆者の混乱と間違い。ポリュビオスの邦訳者も合戦の正確な位置付けは不能としている。等高線を入れると二説の差ははっきりするが、史料の矛盾はかえって増大する。

学術文庫版あとがき

このたび、一九七三年に公刊した『ハンニバル』が学術文庫に収められることになった。原著は、もともと一般読者、とりわけ学生層を対象にしたものである。編集部の方から、かねがね文庫への収録を求められていたのであるが、全面的に書き改めた上でと申し上げていて、様々な事情でことはのびのびになっていた。その上大きな仕事をかかえることになり、まったく改稿の時間的な余裕のないことがはっきりして、基本的には元のままの形で読者に提出することになった。古い作品ではあるが、その時には色々と調べながら描いたハンニバル像が再び登場したわけである。これは一応まとまったものであり、手直しを加え出すとまったく異なった性格のものになってしまうので、基本的には誤植、誤記の訂正を施すにとどめ、それ以上のことは改めず、そのままにした。

原著においても厳密な歴史家の立場からすれば、エピソードの数々は大いに整理する必要があったが、歴史を学ぶ者としては辛うじて危険な逸脱の一歩手前でとどまっていたというべきであろうか。その点、この作品は一般読者を強く意識、想定したものであった。しかも四半世紀以上前の短篇であるので、様々な意味でこの際その間の事情を一言記しておかねばなるまい。作品の位置づけといえば大げさになるかもしれないが、そこには個人的な問題と、研究史的な問題が関連していたからである。このことは別の意味では　時代にかかわることと人物史のありようの問題ともなる。

まず個人的な事情と時代にかかわる問題から述べたい。

なぜハンニバルを主題として取り上げたのか。当時、「人と歴史シリーズ」にローマ史に関わりのある人物についてなにか書くようにと亡き堀米庸三先生から御慫慂《しょうよう》があり、たまたまカエサルについては、すでにその頃ほぼ同様な読者層を念頭において小著をものしていた（これも、幸いなことに学術文庫に『カエサル』という題で収められている）ため、ハンニバルをということになったのである。ハンニバルについては、ドイツで学んでいた頃、すでに引退しておられたゲルツァー先生に有志で申し出て、毎週リウィウスのハンニバル関係個所を読んでいただいていたことがあり、また、一方、史料批判の一例として「エブロ条約」（本書五一頁以下）について私も大学で講義をしていたことがあった。個人的な思い出を書けば、前者に関してはゲルツァー先生に、その源＝史料的な源泉はどこかと、一句ごとに問いただされたことが思い出される。後者については、当時学生だった人に会うたびに、テクストクリティーク（史料批判。むしろクヴェレンフォルシュンク＝原典探求というべきで、この表現は、英語の本にもドイツ語のまま使われていた）はこういうものかと実感、勉強させられたという述懐を聞かされる。序や付論二に書いたように、基本史料（しかも第一次史料ではない）としては二つしかないハンニバルに向き合うことは、まず史料批判に直面することなのである。私個人としては、現在までそれが十分に果たされてこなかったことに深い反省の念があるのみである。

時代にかかわる問題というのは原著執筆の頃の学界の状況である。第二次世界大戦の余燼のまだ消えやらぬ学界、それもとくにドイツを中心に、戦争そのものへの関わりとナチズムの台頭から崩壊を体験したローマ史学者の思いのことである。とりわけローマとカルタゴの戦いをめぐる問題は、戦争責任論を一つの軸に古くから学界を賑わせてきた古くて新しい課題であった。それが新しい形をとって噴き出していたのである。そこにはナチ体験が絡んでいた。端的にいえば、そこにあったのは人種問題でもある。カルタゴとローマの対立を、インドゲルマン人とセム人の衝突（ヨーロッパ人と非ヨーロッパ人とすべきか。端的にはユダヤ人問題。ユダヤ人もカルタゴ人もセム系）として捉えたことへの反省であった。戦争責任論に関しては、私としては、一九六九年に一論文で、第二次ポエニ戦争に関してカルタゴ側とローマ側いずれに責任があるのか、とりわけ道徳的責任の所在を問うこと自体、古代史研究にとっては第一義的な仕事ではないとして、古代人、つまり同時代人が自ら、それぞれの戦争にあたり（第二次ポエニ戦争だけではない）どのように戦争の正当化を行なったかを整理する一文をものしていた（岩波講座『世界歴史』第二巻）。もちろん、他の研究者の見解をふまえた上のことである。これは、そうした点を背景にした仕事であった。

「時代」が歴史の勉強にいかなる影響を与えるかは、その後の日本におけるカルタゴブームの到来を考え直してみるだけでよかろう。原著の「序」では「カルタゴと現代とのつながりなどほとんどないように見える」と記したが、その後、ある時期、日本の知識人の間でも一種のカルタゴ熱に沸いた時代が到来したことがある。当然のことだが、一般人の関心はもちろん、研究も、いかに時代の影響を受けるものであったかを思うこと大きい。日本とカルタゴとの対比、というよりも類似性の強調などは危なっかしいものであった。

人物史にかかわることについては、具体的に原著の特徴を回顧することで応えることにしよう。この小編は、その当時の研究史的な展開をふまえたものであったことだけは間違いないからである。原著は、亡きホフマン教授の短編（多くの個別研究の圧縮されたもの）の影響のもと、ハンニバルをヘレニズム的な影響の濃い人間と捉えすぎた嫌いがある。この捉え方は、シャルル＝ピカール（G. Charles-Picard）も説くところであり、本書で指摘した新発見のハンニバル像の解釈に見られるような、ヘレニズム世界の一典型としてハンニバルをとらえる姿勢であった。何よりもバルカス家支配をヘレニズム君主の支配の一変種とさえみなした。ヘレニズム云々に批判的なのはポエニ（フェニキア）的な要素を強調するブリッツイ（G. Brizzi. 一九八四年）であるが、そこでもハンニバルを古代の将軍の中でカエサルを除き最高であり、最も才幹に恵まれた政治家とすることは変わりない。ところで、純ポエニ人として捉えたらどうなるかは、現在のカルタゴ研究の進展からいっても重要であろう。何よりも純ポエニ人とはいかなることなのか、というところに思いをひそめねばならず、そうした見方が可能なのかという根本的なことになるからである。ポエニ人の世界自体がヘレニズム化していることは確かであろう。それでも残る核としてのセム的なものを考えることを意味するのであろうか。

原著が人物と構造、ハンニバルとカルタゴ、あるいはハンニバルとヘレニズム世界、これをどこまで考え抜いた作品だったかについては今でも反省するところが大きい。ただ、政治家ハンニバルの評価にあたり、ローマを徹底的に破壊しようとまで思わなかったこと、イタリアの自由のプロパガンダ（それがどれだけ貫かれたかは問題だが）、また第二次ポエニ戦争敗北後の国政立て直しなどは見逃すことができない。そうした点の指摘はこの作品以降も私としては一応調べ続けて、その関心と基本的な姿勢はまだ生きている。

簡単にカルタゴ人、ヘレニズムというが、それをどう把握するかは容易ではない。「事物」＝出土資料によって（歴史的）事実をとらえることの限界、一方でハンニバル像も、あるいはカルタゴの社会構造もローマ側（もしくはギリシア語世界の人）の史料に描かれたものであることとの限界にぶつかるが、それをどうやって踏み越えてゆくかということがある。ヘレニズム型の政治家としてのハンニバルをカルタゴ世界の中でクローズ-アップしようとした狙いは、その後のいくつかの仕事で私としては果たしてきた。一九八〇年代終わりまでに関しては、そうした仕事を一般向きにまとめた『カルタゴ人の世界』（講談社学術文庫）所収の諸編を見ていただければたいへんありがたい。ただ、具体的な点になると、ローマの同盟市の位置づけ一つをとっても、外的・内的なものとの関連のなかでの流動化も、民主化の問題とともに再考する必要がありそうだし、ハンニバルとヘラクレスとの関係なども、ローマ人のメンタリテート（心性）をふまえてもう一歩突っ込んで考えてみる必要がありそうである。

それに原著では希薄だった視点、ハンニバルを考えるにあたっての北アフリカ住民層のありよう、つまり支配・従属ではくくれないものを再考する必要もあろう。

基本的には、ヘレニズム的という捉え方は、ザイベルト（一九九三年。本書の付論二参照）によれば、現在はある程度定着しているとのことだが、問題はヘレニズム、とりわけカルタゴ人におけるヘレニズム（化）とはなにか、ということであろう。また大著二冊を公刊したザイベルトも述懐しているように、古代人の人物史の限界はどうやって越えられるか。人物史自体に含まれる問題と、史料的にまことに限られた古代人の場合、それにどう対応すればよいのか。彼の言うように復讐の誓い一つ（本書四四頁以下参照）とっても、どんなに手法をこらしても、たとえば深層心理学的な捉え方をもってきてもどうなるのであろうか。ことは容易ではないが、様々な道があるはずである。

リーダブルなことを志した原著は、私の作品としては、幸いなことに望外な読者に恵まれたことを思い出す。この本を手に秩父の一酪農家は拙宅を尋ねてくれたし、勤務先まで足を運んでくれた新聞記者の方、若い女性の漫画家もおられる。すくなくとも一般読者を想定した原著は若書きの短編であるが、その後勉強を続けて発表したものの萌芽的なものもこめられており、なつかしいものである。個別研究を積み重ねた上での作品でない点については、その批判は甘んじて受けたい（モムゼンの苦言！）が、概説から個別の勉強（研究といえるほどのものではないが、ある時期までは勉強は続けた）への発展という逆の形をとったわけである。

再び日の目を見た『ハンニバル』に関して、学術文庫出版部の鈴木一守氏の温かいご配慮と砂田多恵子氏の懇切なるご尽力に感謝あるのみである。

二〇〇五年四月

著　者

ハンニバル年譜

西暦	年譜	ローマ・カルタゴ関係（地中海世界）
前八一四頃		カルタゴの建国。
五五〇頃		マゴの兵制改革。
五一〇頃		ローマ共和政となる。カルタゴ・ローマ第一回条約。
四八〇頃		ヒメラの戦いでシラクサのゲロンに敗れる。サラミスの海戦。
四一〇		カルタゴ軍、シシリーで戦う（～四〇五）。
四〇九		ヒメラを奪取。
四〇五		ディオニュシオスとの和。ディオニュシオス、シラクサの僭主として活躍（～三六七）。
三九八～三九六		カルタゴ軍、ディオニュシオスと戦う（三九六、ヒミルコ敗れる）。
三四八		カルタゴ・ローマ第二回条約。
三四〇頃		カルタゴ軍、シラクサのティモレオンと戦い、敗北。
三一一		シラクサの僭主アガトクレスと戦う。
三一〇～三〇六		アガトクレス、アフリカに来襲。
三〇六		アガトクレスとの和。

前二六四		第一次ポエニ戦争始まる（〜二四一）。
二四七	ハンニバル生まれる（二四六年説もあり）。父ハミルカル、将軍となる。	
二四一		傭兵の叛乱（〜二三八）。
二三八		コルシカとサルディニア、ローマ領となる。
二三七	父とともに、スペインに。	
二二九	父、死去。義兄ハスドルバル、将軍となる。	
二二八		ローマ人のイリュリア干渉。
二二六	エブロ条約。	
二二一	義兄ハスドルバル暗殺される。ハンニバル、将軍となる。	フィリッポス五世（マケドニア）即位。
二一九	サグントゥム攻撃。	第二次イリュリア戦争。
二一八	第二次ポエニ戦争始まる。ローヌに（夏）、アルプス越え（秋）、トレビアの戦い（12月）。	グナエウス＝スキピオ、スペインに。
二一七	トラシメヌス湖畔の戦い（6月）。	ファビウス＝マクシムス、独裁官に。ナウパクトゥスの条約（9月）。
二一六	カンナエの戦い（8月）。中部イタリアを制圧。カプアとの同盟条約（秋）。ハンノ、南方（ルカニア、ブルッティウム）に。	カルタゴ本国政府、イタリア・サルディニア・スペイン攻撃決定。
二一五	南イタリアに。カシリヌムをおとす、ノラ占領に失敗。フィリッポスとの同盟条約。ロクリ、クロトン占領。	ヒエロン二世（シラクサ）死去、ヒエロニュモス即位。サルディニア作戦失敗。ハスドルバル（スペイン）敗れる。

前二一四	ヘラクレア、タレントゥム攻撃失敗。カシリヌム奪回される。サラピアで冬の陣。	カルタゴ、シラクサと結ぶ（春）。ヒエロニュモス死去（夏）。フィリッポス五世、イリュリアに。シラクサ、ローマと結ぶ（秋）。シラクサをめぐる攻防戦展開。
二一三	ファビウスにアルピ奪回される。タレントゥム占領（冬）。	カルタゴ軍、シシリー南岸に上陸。
二一二	前執政官グラックス戦死（ヘルドニアエ）。ハンニバル、ブルッティウムおよびルカニア、アプリアの大部分をおさえる。	マルケッルス、シラクサを占領。ローマ、アイトリア同盟と結ぶ。
二一一	ローマ城門に。カプア陥落。ハンニバルの勢力圏ブルッティウムに限られてゆく。	両スキピオ、スペインで戦死。
二一〇	サラピアとヘルドニアエ陥落。ヌミストロでマルケッルスと戦う。	アグリゲントゥム（シシリー最後の拠点）、ローマの手に。
二〇九	カヌシウム付近でマルケッルスと衝突。タレントゥム奪われる（ファビウス）。ブルッティウムに追いつめられる。	大スキピオ、新カルタゴを占領。十二ラテン市蜂起。
二〇八	マルケッルス戦死。	バエクラの戦い（スペイン、スキピオ対ハスドルバル。6～7月）。
二〇七	カヌシウム（アプリア）でネロ軍と対峙。ハスドルバル、北イタリアに。メタウルスの戦い（ハスドルバル死去）。クロトン（ブルッティウム）に退く。ハンノ＝ボミルカルはロクリに。	

前二〇六		イリパの戦い（スペイン）。ガデス陥落。
二〇五	ローマ軍、ロクリを奪回。マゴ、ゲヌアに上陸。	スキピオ、シシリーに。フォイニケの和。
二〇四		スキピオ、アフリカに上陸（夏）。ウティカの陣。シュファクスの和平交渉（冬）。
二〇三	ハンニバル、アフリカに帰還（レプティス－ミノル）。マゴ死去。ローマとの第一回和平協定（冬）。	バグラダス河畔の戦い。スキピオ、テュニスを占領。
二〇二	ザマの決戦（春）。ローマとの第二回和平協定――条約（二〇二年秋～冬。二〇一年春）	
二〇〇	ハンニバル、将軍職を辞す。	ケルト戦争、第二次マケドニア戦争始まる。
一九九		カルタゴ、第一回賠償金支払い。
一九八		カトー、サルディニアに。
一九七		キュノスケファライの戦い（フィリッポス五世敗れる、６月）。ローマとマケドニアの和平（冬）。スペイン不穏となる。
一九六	ハンニバル、スフェスとして行政改革。	フラミニヌス、ギリシア人の自由を宣言。リュシマケイアの会議（秋）。
一九五	ハンニバル亡命し（テュロス→エフェソス）、アンティオコス三世のもとに。	ローマの使者、カルタゴに（夏）。マッシニッサのカルタゴ侵入始まる。カトー、スペインの叛乱鎮定に。
一九四	アリストンをカルタゴに（秋）。	ローマの守備隊、ギリシアから撤退。ルシタニ族、ローマに叛す。
一九三	エフェソスでローマの使者と会見。	マッシニッサのカルタゴ侵入続く。ローマの使

前一九二		者、アンティオコス三世のもとに。アンティオコス三世、ギリシアに。ローマ、アンティオコス三世に宣戦布告（11月）。
一九一		アンティオコス三世、テルモピレーで敗れ（4月）、エフェソスに退く。アイトリアでの戦い。カルタゴ、賠償金支払い終わる。ローマ軍、ボイイ族を破る。
一九〇	ロドス艦隊と戦う（秋）。	スキピオ兄弟、ギリシアに。
一八九	ゴルテュンに、ついでアルメニアに亡命。	マグネシアの戦い。ローマとアイトリア同盟の和。
一八八	ビテュニアに。	アパメイアの和。
一八七		アンティオコス三世死去。
一八六		ローマ、バッカス信徒取締令。ビテュニアのプルシアス一世のペルガモン攻撃。
一八四		カトーの戸口総監。
一八三	ハンニバル死去（一八二年説もあり）。	ポントスとペルガモンの戦い始まる（〜一八〇）。大スキピオ死去。

本書の原本は、一九七三年一月、清水書院より刊行されました。

長谷川博隆（はせがわ　ひろたか）

1927年東京生まれ。東大文学部西洋史学科卒。専門はローマ史。関西学院大学助教授を経て名古屋大学教授。現在，名古屋大学名誉教授。著書は『ローマ人の世界』『古代ローマの若者』など。学術文庫に『カエサル』『カルタゴ人の世界』，『ギリシア・ローマの盛衰』（共著）がある。

講談社学術文庫

定価はカバーに表示してあります。

ハンニバル　地《ち》中海《ちゅうかい》世界《せかい》の覇権《はけん》をかけて

長《は》谷《せ》川《がわ》博隆《ひろたか》

2005年8月10日　第1刷発行
2010年8月20日　第9刷発行

発行者　鈴木　哲
発行所　株式会社　講談社
東京都文京区音羽2-12-21 〒112-8001
電話　編集部（03）5395-3512
販売部（03）5395-5817
業務部（03）5395-3615

装　幀　蟹江征治
印　刷　豊国印刷株式会社
製　本　株式会社国宝社
本文データ制作　講談社プリプレス管理部

ISBN4-06-159720-5

「講談社学術文庫」の刊行に当たって

これは、学術をポケットに入れることをモットーとして生まれた文庫である。学術は少年の心を養い、成年の心を満たす。その学術がポケットにはいる形で、万人のものになることは、生涯教育をうたう現代の理想である。

こうした考え方は、学術を巨大な城のように見る世間の常識に反するかもしれない。また、一部の人たちからは、学術の権威をおとすものと非難されるかもしれない。しかし、それはいずれも学術の新しい在り方を解しないものといわざるをえない。

学術は、まず魔術への挑戦から始まった。やがて、いわゆる常識をつぎつぎに改めていった。学術の権威は、幾百年、幾千年にわたる、苦しい戦いの成果である。こうしてきずきあげられた城が、一見して近づきがたいものにうつるのは、そのためである。しかし、学術の権威を、その形の上だけで判断してはならない。その生成のあとをかえりみれば、その根は常に人々の生活の中にあった。学術が大きな力たりうるのはそのためであって、生活をはなれた学術は、どこにもない。

開かれた社会といわれる現代にとって、これはまったく自明である。生活と学術との間に、もし距離があるとすれば、何をおいてもこれを埋めねばならない。もしこの距離が形の上の迷信からきているとすれば、その迷信をうち破らねばならぬ。

学術文庫は、内外の迷信を打破し、学術のために新しい天地をひらく意図をもって生まれた。文庫という小さい形と、学術という壮大な城とが、完全に両立するためには、なおいくらかの時を必要とするであろう。しかし、学術をポケットにした社会が、人間の生活にとってより豊かな社会であることは、たしかである。そうした社会の実現のために、文庫の世界に新しいジャンルを加えることができれば幸いである。

一九七六年六月

野間省一